雅斯贝尔斯著作集

哲学入门
——12篇电台讲演集

鲁 路 译

华东师范大学出版社

汉译凡例

一、结构

本著作集每一本译著的结构是一致的：除了原书的翻译部分之外，书后附有"解说"、"索引"、"译后记"。"解说"主要对本书的主题、时代背景等进行说明；"译后记"主要对翻译的情况与问题进行交代。已出版的德文单行本大都没有索引，中文索引主要依据日译本、英译本编纂而成。正在陆续出版的德文全集版只有"人名索引"，中文版除"人名索引"外，增加了"事项索引"。

二、标题

雅斯贝尔斯德文原著的标题、标号较之一般著作颇为特殊，但从目录上基本可以体现他对某一研究的整体设计和他自己哲学思想的结构。在编辑过程中，采用以德文原版为准，同时参考日译本的处理方式。

三、注释

雅斯贝尔斯著作的德文原著，大部分使用的是尾注，也有部分的著作用页下注。本书原文无注释，译注采用页下注的形式。

四、专用名词、术语、人名

重要的专用名词和术语以及人名的翻译，可在"事项"、"人名"索引中查到。

目 录

第 一 讲　何谓哲学……1

第 二 讲　哲学的种种起源……9

第 三 讲　统摄……18

第 四 讲　关于神的思想……28

第 五 讲　无条件的要求……40

第 六 讲　人……50

第 七 讲　世界……60

第 八 讲　信仰与启蒙……70

第 九 讲　人类的历史……80

第 十 讲　哲学思辨者的独立性……92

第十一讲　哲学式生活方式……100

第十二讲　哲学的历史……110

附　　录……121

解　　说……149

人名索引……155

事项索引……163

译 后 记……169

第一讲　何谓哲学

　　何谓哲学？哲学价值何在？人们对此众说纷纭，不是指望哲学带来非同寻常的启发，就是把哲学当作空洞的思考，漫不经心地对它不屑一顾；不是敬畏地将哲学视为非凡之人的非凡努力，就是轻蔑地将哲学当作无谓的痴人说梦；不是将哲学视为每个人都可染指、因而归根到底必定既简单又易懂的事情，就是把哲学看得如此之深奥，以至于自己根本没有希望从事哲学研究。而顶着哲学名义登台亮相的，实际上是方枘圆凿各种看法的种种实例。

　　对于一位迷信科学的人来说，最糟糕的莫过于，哲学根本没有普遍有效的结论，没有可以让人了解和掌握的东西。各门科学均在自身的领域中取得了明确无疑、普遍认可的结论，而哲学尽管做了几千年的努力，也没有做到这一点。不容否认，哲学没有对最终认识的一致认可。出于不容辩驳的理由而为每个人认可的，是科学性认识。它不再是哲学，而是可认识之物的某个特定领域的事情。

同样,哲学思维不像各门科学那样,具有进步过程的特征。我们肯定比古希腊医生希波克拉底进步多了,却很难说比柏拉图更进一步。只是在柏拉图掌握的科学认识的素材上,我们更进一步。但就哲学思辨本身而言,我们或许还未赶上他。

每一种哲学形态都不同于科学,不为所有人一致认可,而这必定是哲学天性使然。哲学取得明确性的方式不是科学式的,不是对所有理智人士来说都一致的,而是一种确信。要取得这种确信,就要投入人的全部生命。科学认识关涉个别对象,没有必要让每个人都去了解这些对象。而哲学关涉存在整体,关涉人之为人,关涉一经闪现出来便较之任何科学认识都更为深刻的真理。

精心打造的哲学虽然与科学密切相关,以科学在各个时代取得长足进步为前提,但哲学的意义另有来源。哲学出现于一切科学之前,出现于人类觉醒之际。

透过一些值得注意的现象,我们可以追忆这种非科学式的哲学:

第一,在哲学问题上,差不多每个人都认为自己有下判断的能力。在科学当中,人们承认学习、训练、方法是理解的前提,而涉及哲学时,人们却要求径直登堂入室,有说话的份儿,似乎人自身的存在、自身的命定、自身的经验就可充当充分的前提了。

要求每个人都可介入哲学,这一点必须得到认可。哲学专业人士走上的条条极为艰难的哲学之路,其意义仅仅在于,它们万川入海般汇入人的存在。而人的存在由此得以确定,正如存在和人自身由此得以确定一般。

第二,哲学思想必须随时随地都是追本溯源式的,每个人都要亲身做哲学思辨。

人追本溯源地做哲学思辨的一个神奇标志,就是孩子们提出的种种问题。人们常常从孩子们口中听到含义简直就像哲学一般深刻的话。我举一个例子:

有一位少年惊讶地说:"我总在想,自己或许是另外一个人,但我总还是自己。"这位少年触及到了一切确定性的来源、触及到了自我意识中的存在意识。他惊讶于自我存在之谜,惊讶于这一无法为旁人理喻之物,疑惑地面对这条思维的界限。

另有一位少年听说了创世史:太初,上帝创造天地……马上便问道:"太初以前是什么?"这位少年体会到,连续追问是无止境的,理解不会止步,他不可能有最终的答案。

再有一名女孩儿在林间草地上散步,听人讲女妖深夜在草地上围着圆圈跳舞的童话,便说道:"根本就没有女妖。"别人就给她讲实际的东西,观察着太阳的移动,解释到底是太阳在运动还是地球在自转这一问题,并给出理由,说明地球是球体,它在自转……"这不是真的,"女孩儿用脚跺着地面说,"地球是固定的,我只相信自己看到的。"别人接着说:"那么你也不相信仁慈的上帝了,你也看不见上帝呀?"女孩儿愣了一下,随后果断地说:"没有上帝,就没有我们。"这名女孩儿惊讶于人的存在:人不是由自己造就的。她领悟到追问的区别,即追问的是世上某一对象,还是存在本身以及我们在总体中的存在。

还有名女孩儿上楼梯去探望亲人,她意识到一切总在变样儿,都在逝去，都在消失，好像压根儿就没存在过。"可总得有点儿固定不变的东西才行呀……像我此时此刻正上楼梯去看姑姑，这我不想改变。"出于对万事万物的短暂易逝感到惊讶与恐惧，她试图寻求一条无奈的出路。

谁要是收集这些，想必就能整理出丰富的儿童哲学。说这些都是孩子们以前从父母或其他人那里听来的，这一异议显然根本算不上严肃认真的想法。说孩子们不能做进一步的哲学思考，上面那些表述不过是偶一为之罢了，这样的异议忽略了一个事实：孩子们常常具备某种天赋，长大后这种天赋便消失了。这就好像随着年龄的增长，我们被关进各种习惯与见解、掩饰与无庸质疑的牢狱，失却了儿童无拘无束的样子。孩子们还率直地保持着活跃的生命状态，感受着、注视着、追问着在自己看来稍纵即逝的东西。他们会忘却自己一瞬间若有所悟的事情，当成年人记录下此事，以后向他们叙述他们以前讲述过、追问过的问题时，他们会深感诧异。

第三，追本溯源的哲学思维既体现在孩子们身上，也体现在精神病人身上。有时——这是很罕见的——，仿佛通常用来遮遮掩掩的那些桎梏松懈了，触动人心的真理表露出来了。有些精神病人在患病初期会令人惊讶地产生形而上学式顿悟，尽管——除了像诗人赫尔德林与画家梵·高那样的情形之外——，它在形式上和语言上并不怎么出色，来赋予这种顿悟的流露以某种客观意义。可是，谁遇到这种情况，都免不了要产生一个印象，即通常遮掩着我们生活的表层迸裂了。有些健康人从熟睡中醒来时，也知道自己有过意义无比深刻的体验，这种意义在人完全清醒后又消失了，只是让人感到，我们此刻再不能突破那一表层了。有一句话蕴涵着深刻的道理："儿童与傻子会讲真话，但伟大的哲学思想所蕴涵的追本溯源的创造力，却不存在于这些人身上，而是存在于个别的人身上，他们是几千年来出现的少数无拘无束且特立独行的伟大的思想家。

第四，由于哲学不为人们所企及，所以它总是体现在街谈巷议、格言警句、流行的哲学式习惯用语、占主导地位的信念当中，如体现在开明的语汇中，体现在政治信念中，尤其体现在自历史之初始以来的神话中。哲学是不会枯竭的，问题仅在于，它是为人所意识到了，还是没有为人所意识到；它是优秀的，还是粗劣的；它是含含糊糊的，还是清楚明澈的。谁拒斥哲学，这本身就是在采纳一种哲学，只是他没有意识到罢了。

这种表露得既无所不包又形态独特的哲学到底是什么呢？

哲学家这个希腊语词汇是对立于诡辩家构造而成的。它意味着：爱认识（本质）的人有别于掌握认识并自称无所不知的人。这一词义延续到了今天：哲学的实质是探求真理，不是拥有真理，尽管哲学常常陷入教条主义，即沦为用定理来表述的、最终的、完整的、可传授的知识。哲学意味着没有止境，它的问题比它的答案更具实质性，而每个答案又会引来新的问题。

这种永无止境是置身时间当中的人的命定，它那完美的瞬间本身就蕴涵着让人得到深厚满足的可能性。这种满足决不会来自某种可得以表述的意识，不会来自于各种定理与信条，而来自于领略到存在的人的历史性实现。获得一个人身临其境的那种境遇的现实性，就是哲学思想的意义所在。

永无止境地探索，或者说寻找到瞬间的安宁与完善，这不是哲学的定义。哲学没有超出其上的东西，没有与其并列的东西，不可由其他什么东西引申而来。每一种哲学都根据自身得到实现的情况来给自己下定义。何谓哲学，这要靠人去探索。所以，哲学等同于活跃的思想进程以及对这种思想的意识（反思），或者说等同于行动与讨论。只有亲身尝试，人们才会得知，我们在这世上遇到的哲学到底是什么。

我们尽可以阐述有关哲学之意义的各种公式，但任何公式都不能穷尽这种意义，任何公式都不能算唯一性的。我们从古代获悉：哲学（就其对象而言）是对神的事务与人的事务的认识，是对作为存在者的存在者的认识，进而（就其目的而言）是学习死亡，是在思考中追求幸福、模仿神性，最终（就其无所不包的意义而言）是一切知识的知识，是一切艺术的艺术，是不局限于个别领域的科学。

今天，或许可以用下述公式来表述哲学，其意义是：

洞见现实的本原——

根据我如何在思维中把握自我这一方式来在内心行动中把握现实——

投身统摄的广阔疆域——

通过爱的搏斗获取真理之意义，在任何一种这样的意义上勇于建立人与人的交往——

即使面对最为陌生的人与不合作的人，也耐心且永远清醒地保持理性——

哲学是凝聚一切的，人分有现实，才能靠这凝聚一切者来成其为人。

虽然哲学那简单而有效的思想形态可以打动所有人,甚至可以打动孩子们,但自觉地锤炼哲学,是永远无法臻于完善的、随时随刻都要重温的、始终要当作当下一项完整事物来完成的使命。哲学体现在大哲学家的著作中,并体现为名望弱一些的哲学家的反响。人之为人,就在于对这项使命保持清醒的意识,无论这种意识采取何种形态。

哲学并非直到今天才受到极端的攻击,被全盘否定,被当作多余的、有害的东西。哲学有什么用呢?当人遭遇危难时,哲学并不顶用。

教会的权威性思想谴责独立性哲学,因为哲学疏远神,引诱人投身尘世,用无价值的事物败坏人的心灵。另有政治思想批评说,哲学家们只是用不同的方式解释世界,问题在于改变世界。这两种思想都认为,哲学颇具危险,因为哲学打碎了秩序,鼓动思想独立以及思想反抗和思想暴动。哲学蒙骗人,诱使人脱离其实际的任务。神启示给我们的彼岸具有无比的魅力,而亵渎神灵的此岸力量则要求统辖一切,这两者都要令哲学泯灭殆尽。

此外,健全的人类理智的日常生活滋生出有用性这一简单的尺度。在它的度量下,哲学毫无用处。泰勒斯算是最早的古希腊哲学家了,他早就受到过女佣的嘲笑,因为女佣看到,他在观察星空时掉到水井里。既然他在身边的事情上都如此笨拙,那他还探询遥远的东西干吗?

哲学应当替自己做辩解,但它做不到。它不能凭自己对其他什么事情有用这一资格来替自己做辩解,而只能依靠自己实实在在地蕴藏在每个人身上、促使每个人去做哲学思辨的那种力量。它想必清楚,自己从事的,是一项无目的的、取消了一切有关尘世得失问题的、使人成其为人的事业,清楚只要有人存在,自己就会得到实现。还有,它的敌对力量不得不考虑自身的意义,随后创造出符合目的的思想产物,作为哲学的替代物。但这是以人们企望的某种效用为条件的。可就连这种思想产物也表明,哲学是人躲避不开的,哲学永远存在。

哲学不能争斗,不能自辩,但可以传播。哲学在受到攻击时并不反抗,在广为人知时并不得意洋洋。它生长在人类心底的默契之中,这种默契将所有的人联结起来。

自两千五百年前,西方、中国和印度就有大手笔的、系统连贯的哲学,令我们对蔚然大观的历史传承深感欣慰。哲学思想的多样性、其矛盾之处、其彼此排斥的以真理自居的情况,都不妨碍归根结底是某种唯一性在起作用。这种唯一性不为任何人占据,是任何时候的任何严肃认真的努力所围绕的核心。这就是永恒而唯一的哲学。如果说我们要怀有澄明的意识,做实质性思考的话,我们便依赖自己的思想的这种历史性根基。

第二讲　哲学的种种起源

　　哲学作为方法论思维，其历史开端于两千五百年前；哲学作为神话式思维，其历史开端得更早。

　　但开端不同于起源。开端是历史性的，它通过已然做出的思维工作，为后人带来了越来越多的前提条件。起源却随时随刻都是思想源泉，哲学思维的动力就来源于此。有了起源，目前的哲学才是实质性的，以往的哲学才可以理解。

　　起源是多种多样的。出于惊讶，才有追问与认识；出于对已知事物的怀疑，才有批判性考察与明澈的确定性；出于人的震惊与对自身迷失状态的意识，才有对自身的质询。我们先来看看这三重动机。

　　第一，柏拉图说过，哲学起源于惊讶。我们的眼睛注视到"星辰、太阳和苍穹的景象"，这种景象"驱动我们去探究万物。由此形成了哲学，即诸神赋予有死的人类的最高财富"。亚里士多德说：

"惊叹驱使人做哲学思辨。人首先惊讶于自己遇到的奇异的东西，随后逐步深入，追问月亮、太阳、星辰的迁移，以及万物的诞生。"

惊讶促使人形成认识。我在惊讶时意识到自己无知。我探询知识，是为知识本身起见，不是出于"任何平庸的需要"。

哲学思辨就像从受缚于生计之中觉醒过来，觉醒就是无目的地瞻望万物、天穹与世界，就是追问：所有这一切是怎么一回事，是从哪里来的。对这些追问的答复毫无用处，而它本身给人以满足。

第二，一俟我在认识存在物时满足了自己的惊讶与赞叹，随即便产生出怀疑。虽然认识日积月累，但经过批判性考察，没有任何认识是确定的。感性感知受制于感觉器官，是欺骗人的，无论如何都不符合在我身外、独立于被感知的事物本身。我们的思维形式是我们人类理智的形式，这些形式交织在解不开的种种矛盾之中。彼此对立的主张俯拾皆是。我在做哲学思辨时产生怀疑，试图将怀疑贯彻到底，要么乐此不疲于因怀疑而否定——这种怀疑什么也不承认，但本身也无法取得任何进展——，要么询问：那种克服一切怀疑、经受得起任何中肯批判的确定性何在？

当笛卡尔怀疑其他一切时，毫不怀疑地确信自己那句名言："我思故我在。"因为，即使是我或许无法洞悉的那种认识中的彻底的幻象，也不会令我对此感到困惑，即如果我在思维时感到困惑，那么我一定存在。

怀疑作为方法论式怀疑，是对一切认识进行批判性考察的思想源泉。因此，没有彻底的怀疑，就没有真正的哲学思辨。但是，关键在于，如何并在何处通过怀疑本身来取得确定性的根基。

第三，在沉浸于认识世上的对象、以怀疑作为取得确定性的途径时，我沉浸于各种事物之中，考虑的不是自己、自己的目的、自己的幸福、自己的极乐。不如说，我在满足于这些认识时遗忘了自己。

如果我意识到在自身境遇中的自我，情况就不同了。

斯多葛派的爱比克泰德说过："哲学起源于人对自身孱弱无能的感知。"在孱弱无能时，我如何自救呢？他的回答是：将一切不取决于我的、本身至关重要的事情看得对我无足轻重。反过来，将一切取决于我的，即我的观念的形式与内容，考虑得清晰自如。

我们来看看我们人类的处境。我们总是置身种种境遇中，种种境遇变迁不定，种种机会纷至沓来。机会一俟错过，便去而不返。我可以亲身致力于改变境遇，但有些境遇的实质是长存不变的，即使这些境遇暂时会有所变化，即使它们的强大力量会显得朦朦胧胧。例如，我不得不死亡，我不得不受难，我不得不抗争，我听命于偶然，我不可避免地要卷入罪责。我们称自己生活中的这些基本境遇为临界状态，这意味着，我们无法超出这些境遇，我们无法改变这些境遇。对临界状态的意识，是继惊讶和怀疑之后而来的、更为深刻的哲学的起源。在无谓的生活中，我们常常回避临界状态。我们闭上双眼，日子过得就好像没有临界状态似的。我们忘却了自己不得不死亡，忘却了自己的罪责，忘却了自己听命于偶然的情况。我们仅同具体的种种境遇打交道，为自身的益处起见而掌握具体境遇，受自身生活利益的驱动，凭借在这世上有所谋划、有所行动来应付具体境遇。而对待临界状态，我们的反应要么是遮遮掩掩,要么——如果我们当真把握住临界状态的话——是凄凄哀哀,要么是平静如初,因为尽管对存在的意识变化不定,我们总归还是自己。

我们不妨用另一种方式揭示出,我们人类的处境都是不可靠的在世存在。

我们不加疑虑地把世界当作一般性存在。幸运的时候,我们不由得欢欣愉悦,无忧无虑地满怀信心,除了眼下的事情,什么也看不到。痛苦、无力、孱弱时,我们悲观绝望。当这一切挺过去,我们依然健在时,我们便再度遗忘自我,在幸运的生活中得过且过。

但是,有了这些经验,人就变得聪明了。各种危险逼迫人去保障自己的安全,控制大自然、建构人类社会,就是为生活提供保障的。

人掌握大自然,为的是对它加以支配利用。借助于各种认识和技术,大自然会变得可靠。

但在控制大自然时,总有意想不到的情况,而且威胁始终不断,这就造成人在总体上的失败:繁重艰辛的劳动、老迈、疾病、死亡是无法克服的。可控制的大自然的所有可靠性,都只是大自然在整体上不可靠这一框架下的一个殊例。

人联合成社会,为的是限制并最终结束一切人反对一切人的无休止争斗。人希望互扶互助,来获得安全。

但这也有其界限。只有当各个国家均处于这样一种状态,即每个公民都与他人协调一致,做到绝对团结,才能从整体上确保正义和自由。因为只有这样,当一个人遭受非义时,其他人才会众志成城地反抗非义。可是，这种情况从来就没有过。向来只是有限的一群人，或只有个别的人，即使是在势单力薄的时候，也真正在竭尽全力相互支持。没有哪个国家、哪个教会、哪个社会能提供绝对的保护。这种保护是安宁时期的美妙错觉，在无事之秋，其界限隐而不显。

与世界在总体上不可靠这一情况截然相反，总还有另外一幅光景，这世上毕竟有值得信赖、唤起信任感的事物，有起到这些作用的根基：家园与乡土、父母与先人、同辈与友人，还有妻子。在我们的语言、信仰，以及思想家、诗人和艺术家的作品中，有传承下来的历史根基。但是，所有这些传承也不保险，它们并非绝对可靠，因为传承展示给我们的，是人类的成就，而不是神在世间的作为。传承始终也是追问，在任何时候，人都要着眼于传承，从自身的起源出发，寻找到确定性、存在和可靠性。而世间的一切均不可靠，这恰恰给人确立了一个指南。它制止人们满足于这个世界，它指明了另外的什么。

死亡、意外、罪责、尘世之不可信赖，这些临界状态向我表明了失败。洞悉彻底的失败，是我做真挚的思考时无法回避的。面对这种彻底的失败，我该怎么办？

斯多葛派建议，退回思维的独立性自身固有的自由中去。这一建议并不能令我们满足。斯多葛派哲学家想错了，因为他认识人的孱弱无力时，不够彻底。他忽略了，就连思维也有所依赖。思维本身是空洞的，要依靠提供给它的东西。他也忽略了人类丧失理智的可能性。斯多葛派哲学家令我们无以慰藉地停留在单纯的思想独立性中,因为这种思维缺乏任何内容。他令我们丧失希望,因为任何一种内心克制的自发性努力都诉诸阙如,任何一种因投身挚爱而来的充实感都诉诸阙如,任何一种对可能之事怀有的希望都诉诸阙如。

但是,斯多葛派哲学家所希望的,是真正的哲学。临界状态中的思想起源给人带来了基本动力,要在失败中获取通向存在之路。

对于人来说,重要的是如何体会失败:要么失败一直对人秘而不宣,只是在事实上最终压倒了人;要么人能够一眼就看穿失败,意识到失败始终是自己生命的极限;要么人幻想找到了出路和安宁;要么人沉默地面对这一无以名状之物,老老实实地忍受它。一个人如何体验失败,说明了他是什么样的人。

在临界状态中显露出来的,要么是虚无,要么是那种抗拒和超越一切稍纵即逝的尘世存在的可感可触的本质。就连绝望也由于它在这世上是有可能的这一事实而成为超越尘世的指南。

换句话说,人寻求救赎。救赎靠的是伟大而广博的救赎性宗教。救赎性宗教的标志是,它为救赎的真理与现实性提供了客观保证。救赎之路带来了个人的皈依行为。这一点,哲学是做不到的。但是,所有的哲学思辨都是克服尘世的努力,类似于救赎。

我们来概括一下:哲学思辨起源于惊叹、怀疑、迷茫意识。在任何一种情况下,哲学思辨都在处理某种侵袭人的震惊,总是从有所触动出发寻找目标。

柏拉图与亚里士多德由惊叹而寻求存在的本质。

笛卡尔在无限的不确定性中寻求有约束力的确定性。

斯多葛派哲学家在生命的苦难中寻求心灵的安宁。

任何一种有所触动都有其真理，都包裹在各自的观念与语言的历史性外衣中。我们对它们加以历史性吸收，就深入到在我们内心依然可以感受到的各种起源中去。

这种渴望趋向可靠的基础、存在的深刻性与永恒性。

但是，对我们来说，这些起源或许没有一种是最为本原性的、无条件的。存在显现给惊讶，会令我们松一口气，却诱使我们去逃避做人，沉湎于纯粹而玄妙的形而上学。仅在由科学知识而来的人在这世上的取向中，有约束力的确定性才有其一席之地。对我们来说，斯多葛主义那种内心不为所动的态度只能算人在逆境中的临时之举，是对彻底的沉沦的拯救。但这种态度本身既没有内容，也没有生命。

惊叹与认识、怀疑与确定性、自我迷失与自我生成，这三重有效的动机并不能阐述尽，是什么在促使我们进行眼下的哲学思辨。

在这个历史彻底断裂的时代，分崩离析的情况闻所未闻，前景暗淡不明。迄今尚可追忆的这三重动机虽然有效，却远远不够。它们需要一个条件，这就是人际交往。

在迄今为止的历史上，人与人是自然而然地联结在可靠的共同体、机制和普遍性精神中的。就连离群索居者在离群索居时也是如此。如今，分崩离析的情况最为可感可触，即越来越多的人互不理解。他们聚聚散散、彼此漠不关心。再也没有无可质疑且可以信赖的那种忠诚与休戚与共了。

如今，那些实际上一如既往的普通境遇变得至关重要：如我与他人是否可真的取得一致；如我确定的信仰与他人的信仰相互抵触；如在随便一个地方的边界线，似乎总是只有争斗，没有统一的希望，出路仅在于征服或消灭对方；如出于懦弱与无力反抗，没有信仰的人们要么盲目地联合起来，要么固执地彼此争斗，——所有这些都并非随随便便、无关紧要的事情。

但愿孤寂的我会享有真理，感到满足。可是，如若我能够在绝对的孤寂中确定真理的话，那种因缺乏交往而来的难耐、那种由真正的交往而来的独一无二的满足就不会以哲学的方式如此触动我们。我仅存在于他人之中，我一个人，就什么也不是。

不仅要在理智与理智之间、精神与精神之间进行交往，而且要在生存与生存之间进行交往。这就将一切非人格性的内容与影响仅仅当作一种媒介。辩解与抨击都是手段，不是为了获取力量，而是为了彼此接近。这场斗争是充满爱的搏斗，在爱的搏斗中，每个人都要对他人坦诚相见。只有在这种交往中才能确定真正的存在。在交往中，自由与自由因携手并肩而毫无顾及地针锋相对。所有对他人的客套，都不过是序幕而已。在关键问题上，相互之间是可以期待甚高、刨根问底的。只有在交往中，所有不同的真理才可以实现。只有在交往中，我才成其为我自己。我不仅苟活而已，而且在充实生活。上帝仅间接性地启示自身，不能缺乏人际之爱。有约束力的确定性是局部的、相对的，它隶属于整体。斯多葛派的思想是一种空洞、僵死的态度。

哲学思维的基本态度——我向大家介绍的，就是它在思想上的表露——扎根于人对交往匮乏的感受，扎根于人对纯真的交往的渴望，扎根于爱的搏斗的可能性。这种爱的搏斗将自我存在同自我存在深刻地联结起来。

同时，哲学思辨扎根于那三重哲学式感受。所有这三重感受的前提条件是，它们对于人际交往具有何种意义，是有助于交往，还是有碍于交往。

所以说，哲学虽然起源于惊讶、怀疑、对临界状态的体验，但最终起源于包括这一切在内的建立真实交往的意志。这一点从一开始就表现为，所有的哲学都要传达出来，都要有所诉说，都要为人们所倾听。哲学的本质就在于可传达性本身，而可传达性与真实性密不可分。

只有在交往中，哲学才可达到其目的，因为各种目的的意义最终建立起来了。这就是：意识存在、澄明爱、获得完善的安宁。

第三讲　统　摄

今天我想向大家介绍一种基本的哲学思想,它是最为艰深的哲学思想之一。这种思想是必不可少的,因为它是真正的哲学思想的意义之所在。它也要用最为简洁的方式表述出来,尽管对它做出整理是一件麻烦事。我试着来对它做一番阐释。

哲学肇始于这样一个问题:何物存在?——首先,有各种各样的存在物,有世上的万事万物,有无生命的形态和有生命的形态。它们多得不可胜数,纷至沓来又消逝而去。可什么才是本原的存在,即包容一切、奠定一切、作为一切存在物之来源的存在?

对这一问题的回答可谓五花八门。最早的哲学家泰勒斯做出的最古老的回答令人肃然起敬:一切都是水,都来自于水。后来的回答则有所不同:一切在实质上都是火,或气,或无定形者,或物质,或原子;或生命是第一存在,无生命的东西源于生命,是生命的堕落;或万物均是精神的现象与表象,都源出于精神,仿佛是一场梦。这样，人们可以看到一系列的世界观，可以称之为唯物主义（一切都是物质和自然的机械过程）、唯灵主义（一切都是精神）、物活论（一切都是具有灵魂的活的物质），以及其他各种观点。无论如何，对于什么是本原性存在这一问题的回答，都是借助于指出某种出现在世上的存在物而做出的。据说这种存在物具有独特的性质，一切其他的东西都来自于这种存在物。

但是，哪种回答是正确的呢？几千年来，在各学派的斗争中，各种论证都无法证明这些观点中的任何一种是正确的。对每个人而言，都有某种真实的东西，就是说某种看法与研究方法会教人在这世上有所认识。可要是有什么人自认是唯一正确的，并用自己的基本观点来解释现存的一切，那么他就大错特错了。

为什么会这样？所有这些观点都有一个共同之处：它们把存在理解为对立于我的对象，认为我在意指存在时对准了对象，即对准了对立于我的客体。我们觉得，自己所意识到的实际存在物具有这种本原性现象，是如此之理所当然，以至于我们几乎感觉不到这里有不可解之处，因为我们对此根本未加追问。我们所思维、所讲述的东西，始终是不同于我们的东西，是我们这些主体将其当作某种对立物，即当作客体来瞄准的。当我们以自身为思维对象时，我们自己就如同变成了另外一个人，同时又始终作为一个思维着的自我来思维自身，却又无法恰当地将自身设想为客体，因为这一向是任何客体之为客体的前提条件。我们称我们这种思维着的在此之在的基本状态为主-客分离状态。当我们保持清醒、有所意识的时候，我们始终置身于这一状态之中。我们可以在思维中依自己的意愿改变想法，但我们始终是在这种分离状态中对准对象的，无论这对象是我们的感官感知的现实,是数字、形象这一类观念性对象,还是想象的内容或者甚至是根本不可能的事物的幻象。各种对象作为我们对外的或内在的意识的内容,始终对立于我们。用叔本华的话来说,没有无主体的客体,没有无客体的主体。

这种须臾不可离的主-客分离的秘密究竟意味着什么呢?显然,完整的存在既不能是客体,也不能是主体,而必定是呈现在这种分离中的"统摄"。

存在显然不能是某一对象(客体)。凡成为我的对象的东西,都源出于统摄,向我迎面而来。我作为主体,亦源出于统摄。对象是相对于我而言的特定存在,统摄相对于我的意识而言是晦暗不明的,统摄只有借助于对象才变得澄明起来。而且对象愈是得以意识与清晰,统摄就愈是澄明。统摄本身不会成为对象,但它呈现在自我与对象的分离状态中。统摄本身保持为背景,在这背景上无限地呈现自身、澄明自身,但统摄始终是统摄。

在所有思维当中还有第二重分离状态。每一对象如得以明确的致思,都是特定的,始终联系着其他对象。特定性意味着一个东西区别于其他东西。我致思存在时,将虚无致思为其对立面。

所以,任何对象、任何得以致思的内容、任何客体都处于双重分裂状态中。它首先关联着我这一思维着的主体,其次关联着其他各个对象。作为被思维的内容,它绝不会成为一切,绝不会成为存在的整体,绝不会成为存在本身。任何被思维的存在都意味着从统摄当中分离出来的存在。它是一个特定物，既对立于我，又对立于其他对象。

统摄总是仅仅呈现在得以致思的存在中。它本身并不呈现，而令自己所包含的所有其他一切均呈现给我们。

确定了这些，有什么意义呢？

用我们处理各种事物时惯用的理智来衡量，上述思想是不自然的。我们应用于世间实际事物的理智反对上述思想。

我们在思维中借以超越一切所思之物的那种基本做法，或许并不艰难，但相当奇特，因为它并不意味着去认识某个可以理喻的新对象，而是要借助上述思想改变我们对存在的意识。

由于上述思想并未向我们展示新的对象，所以在我们习以为常的有关世界的知识这一意义上，它是空洞的。但是，它以自己的方式开启了让存在物向我们显现出来的无限可能性，同时令一切存在物变得清晰可见。它唤醒我们的能力，在现象中倾听本原性的东西，从而改变了对象性相对于我们的意义。

我们再来进一步阐明统摄。

对统摄做哲学思辨，意味着深入存在本身。这一点只能间接地做到。因为我们陈述时，是利用对象做思考的。我们必须通过对象性思维来对统摄的非对象性做出标示。

我们在沉思中的所作所为，就是一个例子。我们总是置身主-客分离状态中，这种状态是我们无法从外部来认清的。我们将它表述出来，就将它当成了对象，却是不恰当地将它当成了对象的，因为这种分离状态是世上万事万物的关系，而万事万物是与我遥遥相对的客体。这种关系是一个比喻，它表露出，什么是根本无法识别的，根本不能成为对象的。

我们进而形象性地从自己的本原性意识出发，确定这种主-客分离状态具有多重意义。依照我是作为理智来关涉对象，还是作为活生生的生命来关涉自己的环境，抑或作为生存来关涉神而定，这种分离状态原本是彼此不同的。

作为理智，我们对立于可认识的事物，如果可行的话，就从特定对象中得到有约束力的、普遍有效的认识。

作为生活于自己环境中的生灵，我们对感性直观地体会到、实实在在地经历到的眼前事物印象至深，但这不能上升为普遍性知识。

作为生存，我们关联神，即超越。这种关联依靠的，是万物的语言。超越令万物的语言成为密码或象征，无论是我们的理智，还是我们富有生命力的感官，都无法把握这种密码式存在所具有的现实性。仅相对于作为生存者的我们来说，神的对象性存在才具有现实性，而它的维度完全不同于经验现实性的、有约束力的、且可得以致思的、可为感觉感受的对象。

当我们要确定统摄时，它便立刻区分为统摄性存在的诸多方式。这种区分遵循的，是主-客分离的三重方式这一线索。第一重方式指作为一般意识的理智，作为一般意识，我们所有的人都是一致的；第二重方式指活生生的在此之在，作为在此之在，我们每个人都是特殊的个体；第三重方式指生存，作为生存，我们才真正成为具有自身历史性的我们自身。

我无法简短地对这种确定性做一番整理,只要这样说肯定就足够了:统摄被设想为存在本身时,可称为超越(神)与世界,被设想为我们自身时,可称为在此之在、一般意识、精神与生存。

我们借自己的基本哲学观点挣脱了将我们束缚于客体这一假想的存在本身之中的桎梏,就懂得了神秘主义的意义。几千年来,中国、印度与西方的哲学家所讲述的,随时随地都是一般无二的,即使其表述方式多种多样。这就是:人能够超出主-客分离状态,达到主体与客体完全合一。此时,一切对象性均消逝了,自我溶解了,本原性存在呈现出来,唤醒人对更为深刻、更为无穷无尽的意义形成意识。对于体会到这一点的人来说,这种合一的状态才是真正的觉醒,而主-客分离状态中的觉醒意识不过是一场昏睡。柏罗丁这位西方最伟大的神秘主义哲学家这样写道:

"每当我从躯体的昏睡中醒来时,常常会看到一幅神奇的美景:我深信自己属于一个更为美好、更为高尚的世界,内心强烈地激荡着最为神圣的生命,我与神性合为一体。"

无疑,这是一种神秘的体验,而且每个神秘论者都无法用他借以表达想法的语言来言说这种本质性的东西。神秘论者沉浸在统摄之中,可以言说的,都呈现在主-客分离状态中,而触及到无限的那种澄明意识,永远无法企及思想起源的那种充盈。我们只能谈论具有对象性形态的东西,不具有对象性形态的,则无法传达。它存在于我们称为思辨思想的哲学思想这一背景中,构成了哲学思想的内容和意义。

基于对统摄的哲学式确定，我们更好地理解了几千年来关于火、物质、精神、世界进程等重大的存在理论与形而上学。它们常常被当作对象性知识，而将它们当作对象性知识，是大错特错了。事实上，它们并不穷尽于对象性知识，而是存在的密码式文字，是哲学家出自对统摄的意识而写下来，用于阐明自我、阐明存在的，只是后来被错误地当作论述特定客观存在，而非论述本原性存在。

我们置身这世上的各种现象中，就会意识到，无论是在愈发狭隘的对象中，还是在作为现象之总汇的、我们那愈发有限的世界这一视阈中，都无法把握存在本身，而只有在统摄当中才可把握存在本身。统摄超出一切对象与视阈，超出主-客分离状态。

如果我们靠基本哲学思想来领悟统摄，那么我们在本文开头列举的那些形而上学、所有那些关于存在的假想认识便统统失效了，因为它们还在将这世上随便某种重要的、实质性的存在者当作存在本身。但是，它们是我们唯一可能的语言，如若我们力图超越一切对象性的存在者，超越可思之物、超越这世界的视阈，超越一切现象，以便瞻望存在本身的话。

这一目的无法靠脱离尘世来达到，除非是在非交往性的神秘论当中。只有在清晰明确的对象性知识中，我们的意识才会明明白白。只有在对象性知识中体会到这种知识的界限，即在知识的界限处有所感受，我们才会捕捉知识的内容。我们在超乎其外的同时，总在入乎其内。由于现象相对于我们而言是明澈的，所以我们离不开现象。

在形而上学中，我们倾听到超越性统摄。我们将形而上学理解为密码性文字。

可是，如若我们沉湎于对这种思想的无约束性、审美式享受，我们就错失了这种思想的意义，因为它的内容仅向我们显示于我们在密码中倾听到现实性之际。而我们只是从自己的生存现实性出发来倾听的，不是从单纯的理智出发来倾听的。理智觉得，这里根本看不出任何意义。

但是，我们绝不能把现实的密码（象征）当作活生生的实际，就像我们掌握、使用、消耗的各种东西一样。将这类客体当作本原性存在，是一切教条的实质。而将有形的物质这种象征物当作真实性的东西，则尤其是迷信的实质，因为迷信就在于受客体的束缚，而信仰则是在统摄当中有所建树。

最后来谈谈确定统摄所带来的方法论结论，即对我们的哲学思维的断裂性的意识。

我们致思经过哲学加工的统摄，就把实质上并非对象的东西重又变成对象了。因此，我们始终有必要保持有所保留的态度，将所述之言当作对象性内容予以撤销，以便借此获得对统摄的内在意识。这种内在意识不是对可加以表述的内容做出研究的结果，而是我们的意识的某种态度。并非我们的知识有所不同，而是说我们的自我意识才有所不同。

这是一切追本溯源式哲学思辨的基本特征。凭借对象性的、特定的思维，也只有凭借这种思维，人便升华到统摄当中。这种升华使我们意识到，自己的在此之在扎根于存在本身之中，其效用在于引导我们，成全我们的基本情绪，赋予我们的在此之在与有所作为以意义。这种升华将我们从特定思维的桎梏中解放出来，它并没有抛弃这种思维，而是将其发挥到极至。它揭示出通常的哲学思想的弱点，以便在我们的当下意识中实现升华。

要让存在成为相对于我们的存在，条件是分裂为主体与客体的存在经过体验，同样可为人的心灵所意识。因此，我们渴望明确性。一切晦暗不明的当下之物都要采取对象的形态，从自我实现的自我这一本质出发而得以领会。就连存在本身这一奠定一切的绝对者，也要在对象化形式中变得清晰可见，即使它的对象化形式是不恰当的，注定要破灭。而正是在它的破灭当中，统摄才相对于我们的意识呈现出其纯粹的明澈性。

意识到主-客分离状态是我们这些思维着的在此之在以及统摄的基本状态，我们就是在这种状态中意识到统摄的。由此，哲学思辨获得了自由。

这一思想将我们从一切存在者那里解放出来。它促使我们从思想僵化的死胡同中返回身来。它仿佛是我们的一种转折性思想。

万物以及对象式认识理论丧失了其绝对性，意味着对于死抱着这种绝对性不放手的人来说，这就是虚无主义。而对于一切靠语言和对象性来获得自身确定性与有限性的事物来说，它们以现实和真理自居的那份垄断性资格便消失了。

我们的哲学思辨穿越了这种虚无主义，可以说这种虚无主义解放了人，令人趋向本原性存在。借助于我们的本质在哲学思辨中获得新生，一切有限之物的有限意义与有限价值得以增长。我们明确了，穿越有限之物的道路是不可回避的，同时也获得了我们据以有可能自由地接触这些事物的根基。

突破欺骗人的一成不变状态，才能够自由活动。看上去是深渊的，实际是自由的空间。表面上的虚无转变成本原性存在，它在向我们诉说。

第四讲　关于神的思想

我们西方人关于神的思想有两条历史根源:《圣经》与古希腊哲学。

当耶利米看到自己终生都在努力挽救的一切沉沦下去时,当他的国家与人民消亡殆尽时,当他残存的人民在埃及不忠实于对耶和华的信仰、向伊希斯献祭时,当他的门徒巴录绝望地说道"我因唉哼而困乏,不得安歇"时,他回答说:"耶和华如此说:我所建立的,我必拆毁;我所栽植的,我必拔出。……你为自己图谋大事吗? 不要图谋!"①

在这种情景下,"只要上帝在,就足够了"这话是有其意义的。至于是否有"不朽",是没有人追问的;至于上帝是否会"宽恕",这样的问题已无关紧要。一切已不再取决于人,人的执着、人对自身

---

① 《圣经·耶利米书》(新标点和合本/新标准修订版,香港:香港圣经公会,1989年,第1281页)第45章,第3—4节。——译注

幸福与永恒的忧虑俱已烟消云散。就连这世界在总体上具有一种本身很完善的意义，即它会以任何一种形态持存下去，也被理解为不可能的，因为一切都是神从虚无中造就的，一切均掌握在神手中。一切俱已消失，留下的只是：神存在。如果这世上的一个生灵在据说是神的引导下试图做得尽善尽美，但是失败了，那么剩下的只有一个非同寻常的现实：神存在。如果人完完全全放弃了自己和自己的目标，那么这种现实就显示为他唯一的现实。但是，这种现实并不事先显露出来，也不抽象地显示出来，而只是显示为它深入世上的在此之在中去，显示在这些在此之在的临界状态。

耶利米的话讲得苦涩严峻，它不再带有要在尘世起到什么历史性作用的意愿。这种意愿原本与生俱来，最终在彻底的失败中才成就了其意义。它讲得朴实无华，极其真诚，包含着深奥的哲理。这是因为它在表述时脱离了一切内容，脱离了尘世的一切固定现象。

古希腊哲学的表述听起来与此不同，但又与此默契。

公元前五百年的色诺芬尼讲道，君临世界的，只有一位唯一的神，它在外表上与思想上都同有死的人毫不相似。柏拉图认为，他称之为善的那种神性是一切认识的来源。可认识之物不仅是靠神的光芒才为人所认识，而且其存在也来源于神。神的尊贵地位与力量远远超出存在之上。

古希腊哲学家认识到，只是从习俗上说，才有许多神祇。从自然这方面说，只有一位神。人们不能用肉眼来看待神，神不同于任何人，是不能借形象来认识的。

神性要么被设想为世界理性或世界法则,要么被设想为命定或天命,要么就被设想为这世界的建筑师。

但是,古希腊思想家所论及的,是想象出来的神,而不是耶利米讲的活生生的上帝。这两者的意思是契合的。西方神学与哲学历经无数变化,都是从这两重根源出发致思的,即神存在,神到底为何。

看来,我们这个时代的哲学家喜欢回避神是否存在这一问题。他们既不讲神存在,也不讲神不存在。可是,无论谁做哲学思辨,都得有个答案。哲学家要是怀疑神的话,就得给出个答案。否则,他就摆脱不了怀疑论哲学,即什么也不说,既不肯定又不否定。要不然,他就会限定对象性的特定知识,即限定科学认识,用这样一句话来终止哲学思辨:对于人们无法了解的事情,应当保持沉默。

对于神的追问,都是基于一些自相矛盾的定理。我们不妨依次来看看它们:

神学定理讲:我们能够了解神,只是因为从先知到耶稣,神都对他们做了启示。没有启示,神对于人来说就不具有现实性。神不可在思维中得以理喻,只可在恭顺的信仰中得以理喻。

但是,早在《圣经》启示出来的世界之前许久,也是在这一世界之外,就有了对神性现实的确定性。在基督教的西方世界内部,许多人未经启示的确保就确定了神。

与神学定理相对立的,是一条古老的哲学定理:我们了解神,是因为他的存在可以证实。自古代起,对神的存在的证明汗牛充栋,这是一笔丰厚的资料。

如果将对神的证明理解为数学或经验科学意义上的科学性的、有约束力的证明,那么这种证明就是错误的。康德曾针对这种证明的有约束力的有效性做了彻底的批驳。

结果情况倒过来了:对神存在的证明所做的反驳意味着,神并不存在。

这一结论是错误的。正如神的存在不可证明一样,神不存在,也不可证明。这些证明及其反证只不过表明,经过证明的神绝不再是神,而不过是尘世上的事情。

与这些假想的有关神存在的证明及其反证相对立,真理似乎是这样的:那些所谓的对神的证明其实根本不是什么证明,而是在思维中确定自我的途径。几千年来想象出来的、层出不穷的对神存在的证明,实际上具有不同于科学式证明的意义。它们是人在体验到自身向着神性升华时对思维的确定。沿着这条思路,我们就达到了思维的临界状态,对神的意识经过飞跃,就自然而然地得到了实现。

我们来看看一些例子:

最古老的证明叫做宇宙论证明,它从宇宙(对世界的希腊文称谓)推论出神,从总有其原因的万事万物推论出最终的原因,从运动推论出运动的根源,从个别事物的偶然性推论出整体的必然性。

如果这种推论意在从一个事物的存在得出另一个事物,就像从月亮朝向我们的这一面推论出我们永远不可能看到的月亮背面,那么这种推论什么也算不上。这样做,我们只能从世上的一些事物推论出另一些事物。作为整体的世界绝不是对象,因为我们总是置身世上,这世界永远不会作为一个整体对立于我们。因此,我们不能够从一个完整的世界推论出不同于世界的东西。

这种推论如果再不能用作证明,它的思想便改变了意义。它类似于从一个事物推论出另一个事物,揭示出这里面的一个秘密,即世界与我们都存在着。如果我们尝试着想到,这里面可能什么也没有,并同谢林一道追问:为什么总归是有,而不是无?那么我们就会这样来确认存在,即虽然从根本上说,我们得不到这个问题的答案,但会被引导向统摄。统摄就本性而言是存在的,不可能不存在。因有统摄,才有其他一切东西。

人们想必会认为世界是永恒的,并赋予世界一个特征,即世界以自身为起因,因而等同于神。但这样想,并不成功。

凡在世上是美丽的、合乎目的的、符合秩序的并在组织上具有某种完善程度的,凡我们在直接洞察自然时便可感受其无穷无尽的内容的,都不能从可以一览无余的世界的存在出发来加以理解,即不可从某种物质出发来加以理解。实际性认识越是进步,生命的合乎目的性、自然的各种形态的美、世界的秩序就越是神秘莫测。

如果由此便推论出神存在,即仁慈的造物主上帝存在,那么马上便呈现出与此相对立的,即这世上一切丑陋的、混乱的、无序的东西。相应地,它们给人造成的基本心态是,这世界是异样、陌生、恐怖、令人毛骨悚然的。看来,推论出魔鬼的存在,同推论出神的存在是一样必然的。但超越的秘密并未因此而被取消,而是更为隐秘了。

关键在于,何为世界的不完善性。世界并没有走到终点,而是在不断地变迁着,我们对于世界的认识没有完结,世界本身就是不可理喻的。

所有这些所谓的证明不仅没有证明神存在,反而诱使人将神转变为尘世的现实。这种现实在世界的临界状态才可发见,它被当作在临界状态才出现的第二重世界。这样一来,这些证明将有关神的思想搞得一塌糊涂。

这些证明越是透过具体的尘世现象走向虚无与不完善,它们就越是耸人听闻。这样,它们便引起人们的反感,即对这唯一存在的尘世上的情况大为不满。

神不是知识的对象,它不可阐述得令所有人信服,这是一再表现出来的情况。神也不是感性经验的对象,他不可见,不可直观,而只可信仰。

这种信仰从哪里来?它原本并不来自尘世经验的局限之处,而来自人的自由。人若当真意识到自己的自由,就会同时确信神。自由与神是不可分的。可这是为什么?

我清楚,我的自由并不来自于我自己,它是馈赠给我的,因为我可能并不自由,不能强求自由。我在成为真正的我自己的同时,就很明确,我这样,不是由我自己决定的。有尘世的自由,至高的自由就是与超越息息相关的。

人的自由,我们亦称之为人的生存。我生存在自己确信神的决断中。神决不是知识的内容,而是与生存同在。

如果对自由的确定包含有对神存在的确定,那么否认自由就关联着否认神。如果我们感受不到自我存在这一奇迹,那么我就无需关联神,而只是满足于自然的在此之在,满足于诸神与鬼怪的存在。

另一方面,宣称没有神也有自由,则关联着对人的崇拜。这就是任意性这一虚假的自由,它表现为"我要"这一所谓的绝对独立性。我听凭"我要如此"发挥其力量,听凭人生不满百。但是,以为我仅仅是由自己决定的,这样一种幻觉会将自由转变为空虚无助的状态。要贯彻自身意志的蛮力会转变成绝望,这种绝望合克尔凯郭尔所说的于一身:因成为自身而来的绝望与因不能成为自身而来的绝望。

我在何许程度上当真自由地成为自身,神便在何许程度上与我同在。神恰恰不是知识的内容,而只能启示给生存。

将我们的生存阐明为自由,并没有证明神的存在,而只是形同表明,在此有可能确定神的存在。

如果一种思想要具备有约束力的确定性,那么它在对神存在的证明当中是达不到目的的。但是,这种思想的失败并非什么也没有留下,它表明了,是什么成就了无穷无尽的、始终在疑问当中的、无所不包的对神的意识。

神绝不是在世上触手可及的,这同时意味着,人不可为这世上可理喻的、权威性的、暴力性的事物而放弃自己的自由,意味着人应当担负起自己无法逃遁的责任,不可所谓地自由地放弃自由。人如何抉择,选择什么道路,都取决于人自己。因此,康德说:那种玄妙莫测的真理,无论我们是否获得,它都是那样值得惊叹。当这种真理在我们眼前始终是这般神圣，作为尘世的绝对权威而明确表述出来时，我们就成了它的意志的傀儡。但它是希望我们自由的。

我们无法获取关于神的知识，而是在哲学思辨中确定了对无所不包的神的意识。

"上帝存在"，这一定理指出的现实性是至关重要的。这种现实性并不包括在对此定理的思考中。上帝得以致思，可以说是空泛的，因为理智和感性经验从中什么也没有体会到。这一定理原本意指的，只有在超越之中，即超出现实时，才可被体会为真正的现实性。因此，当我们确定了本原性现实，即确定了上帝时，这才是我们生命的顶峰与意义所在。

当生存本原性地关联神时，这种现实性便可为生存理喻。因此，对神的本原性信仰拒绝任何一种中介。它的确并不存在于随便某种特定的、对所有人均可诉说的信仰内容中，并不存在于某种对一切人均一致的、宣示神的历史现实性中。可以说，在任何历史性中，都有着个人与神直接的、无须中介的、独立的关系。

以这样一种形态阐释出来、表达出来的历史性，绝非对一切人均有效的绝对真理，但它的起源是绝对真实的。

无论神实际上为何，他必定是绝对的，而不仅仅表现在作为圣言的某一历史现实中，或表现在人的语言中。只要神存在，他就必定因此而可以为作为个人的人所直接而径直地感受到。

如果说神的现实性与人历史性地关联神的直接性排除了对神的普遍有效性认识，那么我们所需要的，就不是对神的认识，而是对神的态度。神一向被设想为具有尘世的形态,乃至具有类似于人的人格形态。但是,任何一种这样的想象同时像是一种蒙蔽。神并非像我们无论如何可以看到的那样。

我们对待上帝的真实态度可以从《圣经》的下述段落中寻找到深刻的表露:你不应当制造偶像与打比方。这就是说,上帝是不可见的。因此,不允许借神像、偶像与木雕来崇拜上帝。这种明确的戒律还深化为:上帝不仅不可见,而且不可想象、不可致思。任何类比都不恰当,都不能够取代他。所有的比喻都毫无例外地是些神话,其意义仅在于单纯的比喻那一点点微不足道的特点。如果把它们当成上帝的现实性,它们就成为迷信了。

由于所有的形象性直观在有所揭示时都恰恰有所遮蔽,所以最为接近上帝的地方是在无形象之中。《旧约》的这一真实要求却从未在该书中得到满足过。这里面总有上帝的人格性形象,有上帝的震怒、上帝的慈爱、上帝的公正、上帝的恩惠。这一要求是无法得到满足的。虽然巴门尼德与柏拉图关于存在的思辨性思考、印度的神我-梵天思想、中国的"道"都在试图不透过形象地把握神那不可思议的超人格、纯粹的现实性,但就连这些思想也达不到自己想达到的。人类的思维与直观能力总是连带着形象。如果直观与对象从哲学思想中消失得差不多了,最终或许就会留下最为细微的意识,而这种意识的作用将为我们的生命奠定基础。

因此,即使我们借助于理性阐明了一切自然崇拜,一切都不过是超自然的、感性的、迷信的、特定形态的现象,那种最为隐蔽的秘密也仍未解开。

或许,当我们停止哲学思辨时,就要依靠那种细微的意识。

这就是：在存在面前保持沉默。当我们因把什么东西变为对象而失去它时，便在它面前无话可说了。

只有超越一切所思之物，才能达到这一深度，而这一深度是无法超越的。在它面前，一切要求都显得微不足道，都不复存在。

这是我们的庇身之所，但它不是什么处所，而是一片安宁。它能承受我们走在尘世之路上所不可避免的不安宁。

在这里，思维变得一片澄明。再没有问题，也没有答案。随着我们超越了在哲学中被发挥到极至的追问与回答，我们就领悟了存在的宁静。

另外一条《圣经》定理说的是：你不应当崇拜别的神。这条戒律首先意味着对崇拜非本土神祇的谴责。它被深化为简朴而无须证明的思想：只有一位神。一个人信仰一位神、一位唯一的神，其生活与信仰诸多神祇的生活相比，是面目全新的。只有将精力集中在唯一性上，才能为生存的抉择提供现实的基础。无限的王国终究是一盘散沙。如果缺乏唯一性作基础，神圣的东西也会丧失其绝对性。人始终有一个问题，即他是否赢得了唯一性作为自己生活的基础。这问题在如今与在几千年前是一样的。

《圣经》中的第三条定理说的是：你心想事成。这种对上帝的基本态度意味着：服从不可理喻的事情，相信它会高于，而不是低于可以理喻的事情。"你的想法不同于我们的想法，你所走的路不同于我们所走的路。"

这种基本态度所带有的信任感成就了一种无所不包的思想感受，同时成就了一种无言的、非人格的挚爱。

人在作为隐秘的上帝的神性面前,可以将恐怖之事当作天意接受下来,知道无论自己以怎样一种方式来表述天意,都是从人的理解出发来做表述的,因而是错误的。

总之,只有在下述要求下,才可能有对神性的态度,这就是:"不崇拜偶像、不打比方"——"只有一位神"——再加上:"你心想事成"。

思念神,便澄明了信仰。信仰不是直观,它留存于距离与疑问之中。出于信仰地生活,并不意味着立足于斤斤两两的知识,而意味着我们要在生活中勇于认可神的存在。

信仰神意味着,生活并不来自于尘世,而来自于我们称之为超越之密码或超越之象征的那类现象的多重语言。

我们所信仰的神是遥远的神、隐秘的神、无从印证的神。

因此,我不仅要认识到,自己并不认识神,而且甚至要认识到,自己并不清楚,自己是否在信仰。信仰并不拥有什么。信仰并不带有知识的可靠性,而只有生活实践中的确定性。

信仰的人生活在客体始终带有的多样性中,生活在不懈地准备倾听的状态里。他在献身自己倾听到的东西时,既柔弱又坚定不移。他外柔内刚,迎接着对现实生活的抉择。

思念神同时是做实质性哲学思辨的一个例证。它不能提供知识的可靠性,而是为本原性的自我存在留下一片做抉择的自由空间。它将一切寄托于尘世之爱、对超越性密码的解读、理性所具有的广度。

所有的哲学表述都是贫乏的,因为它要求我们出于倾听者自身的存在来加以补充。

哲学不能给予,只能唤醒,它有助于人回忆、巩固与保存自己所想到的。

在哲学当中,每个人所理解的,都是自己本已了解的。

第五讲　无条件的要求

无条件的行动发生于挚爱之中，发生于斗争之中，发生于对更高使命的把握之中。无条件之物的标志是，行动建立在这样一种基础上，与其相比，全部生活都是有条件的，都不是最终的。

在无条件者得以实现时，在此之在就如同理念、挚爱与忠诚的素材。它被纳入一种永恒的意义，形同被消耗掉了，无法释放出来，过随心所欲的单纯的生活。只有在临界状态，在例外的境遇中，出自于无条件者的行动才会带来对在此之在的损耗，承受无法回避的死亡。而有条件者首先而且随时随刻无论如何都要维持并生活于在此之在中。

例如，人们将自己的生命投入为他们共存于世而进行的团结一致的斗争。对于由团结一致所决定的生命来说，团结一致是无条件的。

这种情况原本发生于人们相互信赖的共同体当中,后来却也常常出现在某个得到人们信任的权威富有感召力的指挥下,以至于对权威的信赖成了无条件者的来源。这种信赖解除了人们的不安全感,省略了人们对权威的亲身考察。但这种形态的无条件者中隐藏着一个秘密的条件,即权威要成就非凡才行。怀有信赖的人们想生活在顺从中。要是权威除了权力之外再没有任何成就,从而粉碎了人们对权威的信赖,那么就会出现毁灭一切的虚无。

要将人从这种虚无中拯救出来,只有靠作为个人的人自身,靠他自由地取得本原性存在与自己做抉择的根据。

在历史上,当个别人勇于拿自己的生命冒险时,便走上了这条道路,因为他们倾听到了某种绝对的要求。当背信弃义之举毁灭了一切,令身陷背信弃义境地而待拯救的生灵横遭涂炭时,当这种对永恒存在的背信弃义之举令苟延残喘的在此之在横遭厄运时,他们保持了忠诚。

或许,苏格拉底的表现是最为纯洁的。他出自无知这一统摄而生活在理性的光芒中,不为愤怒、仇恨与固执这些情绪所左右,坚定不移地走自己的路;他不妥协,不采取完全可能成功的逃跑做法,充满乐观地死去,勇于怀着信仰死去。

还有像托马斯·莫尔这样充满纯洁的道德力量、忠实于自己的信仰的殉道者。有一些其他人就很成问题了。为某事做牺牲,以便证明这事情,就给死亡蒙上了某种目的性,因而也蒙上了不纯洁性。如果殉道者为死亡的冲动所驱使,如臆想要追随基督而去,而这种死亡冲动常常会以歇斯底里的表现来掩饰人的内心,那么就滋生出了不纯洁性。

很少有哪种哲学形态不在实质上从属于世上某一信仰共同体而单独面对神,以此来实现"哲学思维就意味着学习死亡"这一定理的。塞涅卡多年间一直等待着对他的死亡判决,放弃了获救的多种聪明举措,以至于当尼碌要处死他时,他既没有以不体面的行动来自戮,也没有失去镇定。波爱修无辜地死于野蛮人判处他的死刑,他在哲学思辨中达到了意识的澄明,投身向本原性存在。布鲁诺对于坚定不移、不抱任何目的地坚持至高无上的决定不带有任何疑虑,也不做半点儿妥协,直至被推上火刑堆。

塞涅卡、波爱修、布鲁诺都是有弱点、有缺陷的人,就像我们一样。他们克服了自己的弱点与缺陷。因此,他们是我们的真实榜样。而圣徒都是些朦朦胧胧的、或在神话式直观的非理性光芒中才可留存下来、却不可经受实际考察的人物形象。人之为人,能够胜任无条件性,才会给予我们现实的鼓舞,而想象出来的人物只能给予我们并非真实有效的激励。

我们不禁想起不畏死亡的历史实例,尝试着此刻来揭示出绝对要求的性质。

对于我应当做什么这样一个问题,通过展示有限的目的与手段,我就可以得到答复。必须要获取食物,为此就需要工作。我要与人们和睦相处,生活中各种明智的规矩都在指导着我。每一次,目的都是使用符合这一目的的手段的前提条件。

何以有这些目的,其理由或者在于未经质疑的生活利益,即益处。可是,在此之在本身并非最终目的,因为总有一个问题是:这是怎样一种在此之在?还有一个问题是:其目的何在?

第五讲　无条件的要求

或者这种要求的理由在于，我要听从权威。这种权威要么是他人的某种"我要如此"这一命令，要么是"理当如此"。但这样一种权威是未经质疑的，因而也是未经检验的。

所有这些要求都是有条件的，因为它们使得我们听命于其他的东西，听命于在此之在的目的或权威性。相反，绝对的要求起源于我的内心。有条件的要求外在于我，是我表面上可以遵守的各种规定。绝对的要求来自于我的内心，它通过存在于我内心深处、却又不局限于我自己的东西，充实了我的内心。

绝对要求之于我，就如同我的本原性存在对我单纯的在此之在提出了要求。我意识到自己是何许人，因为我应当成为这样的人。在我的无条件行动中，这种意识开始时是晦暗不明的，最终则一片澄明。如果意识到了无条件者，则在确定了存在的意义时，一切问题均烟消云散。——即使随着时间的推移，问题会重新冒了出来，随着境况的变迁，总要重新获得确定性。

在一切目的性面前，这种无条件者就是设定目的的东西。因此，无条件者并非我们所意愿的东西，而是我们由此而有所意愿的东西。

因此，无条件者作为行动的根据，并非认识的事情，而是信仰的内容。只要我认识到自己行动的理由与目的，我就始终停留在有限之物与有条件之物当中。只有当我出于某种无法再作为对象来得以论证的东西而生活，我才是出于无条件者地生活着。

我们可以用一些描述性命题来解释无条件性的意义：

第一，无条件性不是如此这般的存在，而是通过无比深刻的反思，从无所不包的深邃处得以澄明的抉择。依靠这种抉择，我才成为自身。这是什么意思呢？

无条件性意味着分享永恒、分享存在。因而出于无条件性，才形成了绝对的信赖与忠诚。无条件性不是自然而然就有的，而是通过抉择才形成的。只有依靠由反思而形成的澄明，抉择才可做出。用心理学的话来说，无条件性并不存在于一个人暂时的状态中。尽管这种如此这般的存在暂时的作用极其强大，它的力量也会突然间松懈下来，表现为是不值得挂念、不值得信任的。无条件性也不存在于人与生俱来的性格中，因为性格会变化、会焕然一新。无条件性同样不存在于人们在神话中称之为人的魔性的那种东西之中，因为这种魔性是无法慰藉人的。所有的激情、在此之在的意志、自我伸张的做法虽然极其有力，但在瞬间当中尚不是无条件的，而是有条件的，因而是无效的。

无条件性存在于生存经过反思之后的抉择中。这就是说，无条件性并不出自如此这般的存在，而是出自自由，出自根本就不会有所不同的自由。它不是因为自然法则的缘故，而是出于超越性根据。

无条件者是人的生命的最终依据，决定了人的生命是重于泰山，还是轻于鸿毛。无条件者是隐秘的，它仅在临界状态下通过静静的抉择引导着生活的道路。它向来都是无法证实的，可在事实上，它随时随刻都在出自生存地引导着生活，无限地阐明生活。

正如树木拔地而起时，总是扎根至深一样，谁是一个完整的人，就会扎根于无限者之中。杂草则不同，它可轻易拔除、移植它处、彼此混合、大量繁殖。这个比喻并不恰当，如果不是引申一步，而是完全换一个角度来理解无条件者的根据的话。

第二，另一个描述无条件者的命题是：无条件性的确仅存在于信仰之中，它形成于信仰之中，仅为洞见到它的信仰而存在。

无条件者不可得以证明，不可展示为世间的在此之在。——历史上的证明不过是些提示罢了。我们所了解的，总是有条件之物。让我们在无条件者之中感到充实的东西，用可证实之物来衡量，就仿佛不存在似的。经过证实的无条件性只是一种强悍的暴力、一种狂热、一种野蛮或一种疯狂。对于是否有真正的无条件性这一问题，世间的怀疑式阐述有着广泛的说服力。

例如：是否有无条件者意义上的挚爱，它扎根于永恒性根据，而非人的偏好、倾向、习惯与约定俗成的做法，这是很可疑的。至于在爱的搏斗中是否可能有真正的交往，这一点会遭到否定。凡可以揭示的，恰恰因此而不是无条件的。

第三，再一个命题是：无条件者是在时间当中的，而非时间性的。

人身上的无条件性并不像人的在此之在一样是被给予的，它是随着时间的推移生长在人身上的。只有当人克制自己，走上毫不动摇的无条件性选择之路时，才会出现无条件性。相反，从一开始便存在的最终定局、抽象地坚定不移的内心、单纯的持存都会令对自己的无条件性深信不疑的人变得毫无感触。

人在体验到临界状态、感受到不能忠实于自身这一危险时，无条件性会随着时间的推移而显露出来。

但无条件性本身根本不是时间性的，无条件性横贯于时间当中。达到无条件性，如同在任何一个新的瞬间达到永恒本质一样，要靠一再本原性地获得新生。因此,如果时间的推移似乎可以使人们拥有什么的话,那么在瞬间,一切都会失去。相反,如果人只是无数条件下一味如此这般的存在,他的过去成为了令他毁灭的负担,那么只要人突然间意识到了无条件者,他便仿佛在任何瞬间都可以从头做起。

上述论述虽然阐明了无条件性的意义,却未触及无条件性的内容。只有在善与恶的对立中,无条件性的内容才可得以澄明。

无条件者包含有抉择,而抉择造就了人的实质。人在善与恶之间做抉择时,便抉择了他所理解的善。

善与恶可以区分为三个层次:

第一,恶指的是直接、无节制地委身偏好与感官冲动,委身这个世界的乐趣与幸事,委身在此之在本身。简而言之,恶指的是,人的生活局限于有条件者,因而不过像动物过活一样得过且过,不是舒舒服服,就是浑浑噩噩,在未经抉择的生活变迁中片刻不宁。

相反,良好的生活虽然未摈弃在此之在遇到的幸事,却把这种幸事置于具有道德有效性的条件下。这种道德有效性可理解为道德上正当的行为的普遍法则。这种有效性是无条件的。

第二,鉴于人受偏好左右这种纯粹的弱点,本末倒置的做法才是真正的恶。正如康德认识到的那样,只有当行善不会给我带来损害,或者说行善的代价不会太高时,我才会行善。抽象地说来,道德要求的无条件性虽然是我的意愿之所在,但只有在不受影响地满足我感官享受的需要这一条件下,我才能遵从善的法则。我只愿意在此条件下行善,而不是无条件地行善。由于只有在幸运状态下，我才能够行善，这种表面上的善良就是所谓的幸运状态下的奢侈。而在道德要求与我的生活利益发生冲突的情况下，我或许会根据利益的轻重而不老实坦诚，宁愿做坏事。为了自己不被杀死，我才执行去谋杀的命令。而由于我的境况有利，可避免这种冲突，我就低估了自己的恶。

相反，依照受制于条件的境遇行事是一种本末倒置的做法，因为它将无条件性置于生活的幸运条件下，所以从这一本末倒置的做法中抽身退出，回归真正的无条件性，就是良善之举。这就是从不断地以各种不纯洁的动机来自我欺骗，转变为严肃的无条件性。

第三，恶指的是趋恶的意志，即毁灭一切的意志，痛苦、残忍、毁灭性的冲动，毁灭一切现存的、有价值的事物的虚无意志。相反，善指的是无条件者，它就是爱，是实现一切的意志。

我们来对比一下这三个层次：

在第一个层次上，善与恶的关系是道德式的，即遵从道德法则的意志要主宰直接的冲动。用康德的话来说，这里有一种要抵御偏好的义务。

在第二个层次上，二者的关系是伦理式的，即动机的纯正性。这里，无条件的纯洁性对立于依照受制于条件的境遇行事这一本末倒置的做法所带有的不纯洁性。在后者那里，无条件者实际上是取决于有条件者的。

在第三个层次上，这种关系是形而上学式的，即动机的实质。这里有着爱与恨的对立。挚爱趋于存在，仇恨趋于虚无。挚爱形成于同超越的关联，仇恨沉沦于脱离超越后的自我中心式做法。挚爱起着在世上一声不吭地有所建树的作用，仇恨吵吵嚷嚷地带来了毁灭在此之在中的存在以及在此之在本身的灾难。

每一个层次上都有一种选择，以及做抉择的要求。如果人要活得真实，就只能在二者中抉择其一。他要么听凭自己的偏好，要么遵循义务；他要么做得本末倒置，要么保持动机的纯洁；他要么出于仇恨而生活，要么出于挚爱而生活。但人也可以不做抉择，以在生活中踌躇不决、朝三暮四的做法来取代做抉择。将不同的东西拼凑在一起，认定这是必然的矛盾，这种不做抉择的做法就是恶的。只有当人区分开善恶时，人才会觉醒过来。只有在自己的行动中依照自己的意愿做出抉择，人才成其为人。我们都必须从犹豫不决中一再重新获得新生。我们很少能做到趋于完善，以至于在我们阐明义务时，在此之在的各种诱人的偏好的力量也是必不可缺的；以至于当我们真正地去爱时，也不得不去仇恨，即仇恨威胁到我们所爱的那些东西；以至于当我们明确地认定自己动机纯洁时，恰恰沦入不纯洁性这一本末倒置的做法。

在这三个层次上，任何一个层次的抉择都有其自身的特点。从道德上说，人认为自己的抉择可以在思维中被论证为正确的。从伦理上说，人出于善良意志获得新生，就抛弃了本末倒置的做法。从形而上学上说，人意识到自己能够去爱，就得到了一种馈赠。做正确的抉择，意识到自己的动机，生活充满爱，只有在这三个层次的统一中，无条件者才会得以实现。

出于爱而生活，这似乎包容了一切。真实的爱同时造就了其行为所具有的道德性真理。因此，奥古斯丁说：如你所愿地去爱、去行动吧！但我们人是无法仅仅出于爱，即出于第三个层次的力量去生活的，因为我们常常陷入迷途、混淆是非。因此，我们不能盲目地时时刻刻都听信自己的爱,而是要澄明这种爱。对我们这有限的生灵而言,有约束力的原则是必要的,我们就是靠这种原则来控制自己的情感的;对自己不抱信任,是必要的,因为我们动机不纯洁。如果我们对自己十拿九稳的话,我们恰恰陷入了迷途。

只有善的无条件性才会给单纯义务充实以内容,才使得道德的动机变得纯洁,才会消解仇恨这一毁灭一切的意志。

无条件者扎根于爱这一根据之中,同趋向真正现实的意志相吻合。我所挚爱的、我所意愿的,就是存在。而真正存在的,如果我不爱它,就不能够洞见它。

第六讲 人

人是什么？它被生理学当作躯体来研究，被心理学当作心灵来研究，被社会学当作社会存在物来研究。我们像认识其他生灵的自然特点一样，把人理解为自然物，通过对传统加以批判性澄清、通过理解人的行为与思维所具有的意义、通过对各种动机、境况、自然事物带来的事件加以解释，把人理解为历史。我们对人的研究带来了各种各样的知识，但并没有带来关于一个完整的人的知识。

问题在于，凭我们对人的了解，是否可以充分理解人。或许，人超出了我们的理解，是任何对象性认识所不能把握的自由，而自由又是人须臾不可离的可能性。

事实上，人是以两重方式认识自己的：作为研究的客体与作为无法探究的自由的生存。在一种情况下，我们把人当作对象来谈论，在另外一种情况下，人是非对象性的。只要他真正意识到自己,是能意识到这一点的。人是什么,这是我们无法通过对人的了解来穷尽的,而只能在我们思维与行动的起源处来加以体察。人在实质上远远不局限于他对自己所能了解的。

如果我们认识到自己所承受的各种要求,就会意识到自己的自由。至于我们是满足这些要求,还是回避这些要求,则完全取决于我们自己。我们要做抉择,并因此而对自身做抉择,我们是负有责任的。对此,我们无法严肃认真地加以反驳。

谁企图拒绝这一点,势必对他人也毫无要求。当一名被告在法庭上申诉自己的清白,说他生就如此,没有其他选择,因此不承担责任时,法官轻松地回答道,这理由听起来很正当,就像法官对于自己要惩罚被告这一行为所做的理解一模一样,即法官也别无选择,只得如此,不得不按照现行法律加以判决。

如果我们确定了自己的自由,马上便在自我理解这一点上迈出了第二步:人是关联神的生灵。这是什么意思?

我们不是自己创造出来的。每个人都会想到,自己有可能根本就不存在。在这一点上,我们等同于动物。但我们还有自己的自由,可以自行抉择,而不是机械地服从自然法则。我们不是靠自身赢得自由的,而是被馈赠以自身的自由的。如果我们不是在爱着的话,我们就无法知道自己该做什么,即不该强求自己的自由。如果我们自由地抉择,充分感受到自身生命的意义,我们就会意识到,自己的一切并不归功于自己。站在自由的高度上,——我们的行动必须站在这一高度上——,摆脱自然法则难免带来的那些事物的外在约束,在内心认定某种别无所图的意愿,我们就会意识到自己的自由是超越者赠予我们的。人愈是真正做到自由，就愈是会确定神。我在真正做到自由时，便很清楚，自己不是靠自己而做到自由的。

我们人从未对自己满足过。我们努力超出自身，借助我们对神的深刻意识而成长起来，靠这种意识，我们同时洞见到自己的虚无渺小。

人关联神，并非人天生具有的特质，因为关联神，等同于自由。只有当每个人从单纯维系自身生命的在此之在中飞跃出来，这就是说，只有当每个人因关联神而真正摆脱了尘世，并坦然面对尘世，能够独立于尘世时，才会洞见到神。我在何许程度上生存，神便在何许程度上与我共在。

我再重复一遍：人作为世上的在此之在，是某种可以认识的对象。例如，在人种学中，人被区分出各种性质；在心理分析当中，人被加以有关其无意识及其作用的研究；在马克思主义那里，人被当作由劳动创造出来的生灵，这种生灵通过自身的生产以某种方式来控制自然、建立社会。但是，所有这些认识方式把握的，都是人的局部，都是实际发生的事情，却从未把握住人的整体。当这些研究理论上升为有关完整的人的绝对认识时——这些理论都是这样做的——，它们忽略了真正的人，使得相信这些理论的人失去了对于人的意识，最终几乎失却了人性本身，即自由以及关联神的人的存在。

追寻关于人的认识，是饶有意味的。而对此加以科学式批判，也是值得的。这样，人们会从方法论上了解到，自己能够了解什么、怎样了解、在什么限度内能够做到有所了解，如果拿这些同全部可能的事情做一比较，它们是多么地微少，这些认识又是怎样完全无法认识人的真正的存在。这样就可避免人被虚假的知识所掩盖这样一种危险。

了解到知识的局限，我们就愈发明确地依赖我们为了自己的自由起见而从自由本身那里寻找到的指引，如果这种指引关联着神的话。

人从哪里获得指引，这是一个重大问题，因为可以确定的是，人的生活并不像动物的生活那样，一代又一代仅仅按照自然法则做着同样的重复，而是说人的自由同人的存在的不确定性一道，同时带来了使人能够成为真正的人的机遇。人有机会自由地安排自己的生活，就如同处理某种材料一样。这样，人才有其历史。这就是说，人的生命并非仅仅是生物遗传的结果，人的生活也不仅像自然事件一样。人的自由呼吁着引导。

至于这种引导会被人施加给他人的暴力所取代，这一情况我们在这里不做探讨。我们来追问人的最终的引导。哲学式信仰的命题是：人可以依靠神的引导来生活。我们要来解释一下，这是什么意思。

在无条件者当中，我们相信自己感受到神的引导。可是，既然神无形无体，并未一览无余地表明自己就是神，这种引导又是如何可能的？如果说神在做引导，那么人是如何倾听到神的意愿的？人能够遇见神吗？人是如何遇见神的？

在各种自传式的描述中，都有这样的记录，即人在生活道路的抉择问题上,是如何经过长时期的怀疑,随后突然达到确定性的。这种确定性使得人在束手无策、犹豫不决之后,有了行动的自由。人愈是在这种确定性的一片澄明之中感受到自由,就愈是确定使得人之为人的超越。

克尔凯郭尔每天都在关联着上帝的引导做自我反思,他知道自己始终都在上帝的掌握之中。他通过自己的行动与自己在尘世的经历来倾听上帝的声音,却体会到自己所倾听的,均带有多义性。指挥他的,不是某种明显的、确切无疑的引导,而是因关联超越性根据而自行抉择的自由所带来的引导。

超越的引导不同于尘世间的任何引导,因为只有一种来自于神的引导。它是通过自由本身这一渠道而做出的。如果人能接受传统与环境给人带来的一切,神的声音就存在于每个人油然而生的自我确定性之中。

人是通过对自身行为的评判这一媒介而得到引导的。这种评判要么阻止他,要么驱动他,要么修正他,要么印证他。神的声音作为对人的行为的评判,在尘世上只是表现为人对自身感受、动机、行动的评判。在自由而诚实地做评判的自我感受、自我批评、自我肯定当中,人从未间接地感到神的评判是最终性的,而总是感到神的评判依然是模糊不清的。

因此,如果人以为最终寻找到了神的声音,或者以为可以在这方面相信自己,那么人的评判从一开始便陷入了迷误。我们必须无情地看到,自己的道德行动所带有的自满情绪,甚至自以为是的情绪,纯属任性妄为。

事实上,人决不会完全地与最终地对自己满意,人无法仅靠自身来做自我评判。人必然要求他人对自己的行动做出评价。因此,人对于给予他评判的那些人的声望格外敏感。至于庸庸碌碌之众、芸芸众生之众、低级趣味之人说些什么,他倒不为所动,尽管这些对于他并非无所谓的事情。但是,关键性评判最终不是来自于对他至关重要之人,尽管至关重要之人的评判是在这个世界上唯一通行有效的。关键的评判应当是神的评判。

事实上,个人评判自身时,几乎从来就不是完全任意的。人总是看重他人的评判。蒙昧未开化的人的英雄行为就是这样,他们慷慨赴死时,却在瞻望他人:他们的声望永远流传,则是《埃达》中赴死的英雄的慰藉。

真正的个人英雄主义则与此不同。它既不依赖他人,也不看重身后的名声。这种真正的独立自主或许靠的是某种水到渠成、表里如一的实质,或许还不自觉地依靠某种历史传承的实质,即某种为人们追忆的共同体,但在当今世上意识不到自己有何把持。如果这种英雄主义不至于沦入虚无的话,它就显示出与某种本原性之物具有的深刻联系。这种本原性之物不是由人的评判,而是由神的评判诉说出来的。

如果通行的评判只有通过人的自我确信才能显示出其真理,那么它表现在两种形式中:作为普遍有效的要求与作为历史性的要求。

普遍有效的道德要求是令理智信服的。自《十戒》颁布以来,这种道德要求就是上帝得以显现的一种形式。虽然无需将对神的信仰生硬地限定为人可以自发做出的事情,这些要求就可以得到认可与遵从,但恭顺的虔诚态度一反可在自由中理喻的道德戒律,惯于恰恰在这种自由中倾听超越的声音。

然而,从普遍性信条与戒律中是无法充分引申出具体境遇中的行为来的。应当说在历史性的、令人身临其境的境遇中,必须如此行动这种直接的、无须引申的要求才会给人以引导。在此,什么是个人认为自己应当倾听的,这的确是很成问题的。就倾听神的引导而言,其实质是有所不为的勇气,因而也是一种顺命态度。这种态度排除了确定性的可靠性,阻止人将自己的行为普遍化为对所有人的要求,抑制了狂热的心态。因此,就连人在神的引导下看到的最为明确的道路,也不能带来这样一种自满情绪,即认为个人的道路对所有人都是真实可行的。

这是因为,从结果上说,一切总还会呈现出另外一副样子。在一片澄明之中,人也会走上歧路。即使是在抉择的确定性当中,只要这抉择是在尘世中做出的,它就必定是悬而未决的。对绝对真实性持有自负,这才是毁灭这世上的真理的真正危险所在。在瞬间的确定性中,谦卑地保留疑问,是必不可少的。

只有在反躬自省时,人才有可能因某种引导无从把握而产生极度的惊讶。由于神的引导总是不可确定的,它就不可能为人所占有。

从心理学上看,神的声音仅在非常时刻才可为人听闻。我们的生活均源出于这样的时刻,又趋向于这样的时刻。

如果人感受到超越的引导,对他而言,超越就是真实存在的吗?人应该如何对待超越?

在缺乏直接经验的时候，我们的本质与超越的关联充满了统帅一切的严肃真诚态度。但作为这世上的人，我们依赖某种形象生动的确定性。这世上最为形象生动的，就是人与人之间的交往。因此，与超越的关联就形象生动地体现在与人格化神的相遇中，即使我们这样做是不恰当的。神以人格式存在这一方式接近我们，同时我们上升为可以与神交谈的这样一种生灵。

在尘世上，各种力量都要控制我们，将我们打倒在地。它们是：对未来的恐惧、对一时拥有之物的畏惧心理、对各种可畏的可能情况的忧虑。针对这些，人或许在想到死亡时才会获得一丝信心。即使面对极端之事，难以想象之事，荒谬之事，这种信心也可以令人安然逝去。

对于存在之根据的信赖可以表述为无目的性的谢忱，表现为信仰神存在时的安宁。

我们在生活中可以指望自由，就好像我们可以依赖自由似的。

多神教将诸神与魔鬼看作友人与敌人。"有一位神创造了一切"则是针对各种事件与人自身的行动所形成的意识。这样一种意识抬高了种种事件与行动，将它们神圣化了，但也使得它们在生命性与精神性在此之在各式各样的可能性中变得支离破碎。

相反，真正的自我存在懂得自己完全依赖神的救赎，神的救赎是唯一者的救赎。而如果神存在，就没有魔鬼了。

神的救赎往往具有特定意义，并因此而为人们所错过。如果祈祷——作为与不可见的神的相遇——出自无言而寂静的沉思默想，历经寻找人格化上帝救赎的激情，直至为生活需求的各种目的而呼吁神，就会出现这种错过救赎的情况。

看透生活的人会遇到各种可能的情况,包括为神所毁灭这样一种毫无出路的境遇。因此,任何一种境遇都给置身于、成长于并失败于这种境遇之中的人的自由带来了使命。这一使命无法作为内在于尘世的幸福目标来得以充分确定。只有借助于超越,这唯一的现实性,以及呈现于超越当中的挚爱的无条件性,它才得以澄明。挚爱出于自身的理性无比坦诚地看到,究竟何物存在,并能够在尘世的现实中解读出超越的密码。

对于个人在哲学思辨中关联神的做法,神职人员想必会批评它自以为是、任性妄为。神职人员要求人们,顺从启示出来的神。应当对神职人员回答说:哲学思辨者从内心深处明确相信,自己是顺从神的,他无需借助某种客观性保障来了解神的意愿,而是依靠不懈的勇气来了解神的意愿。神是靠个人的自由抉择而发挥其作用的。

神职人员实质上混淆了对神的顺从与对教会、典籍、戒律这些出现在尘世上的客观机制的顺从,把这些机制当成了直接的启示。

虽然说在顺从尘世上的客观机制与顺从本原性地感受到的上帝的意志之间,有可能出现某种真正的相互吻合的情况,但这种吻合要经过努力才能达到。

如果个人所感受到的神的意志被用来压抑客观机制,就会诱使人去任意妄为,回避普遍性的、公共性的检验。如果反过来客观机制被用来压抑个人感受到的神的意志,就会诱使人放弃顺从神的勇气,并听凭自己在现实中的意志来对抗客观机制。

人去依赖权威做出的令人信服的戒律与命令时,会陷入束手无策的境地。相反，人在倾听完整的现实的声音时，会鼓起负责的力量。

人的存在的高度取决于人在这种倾听中获得引导的深度。

人的存在就在于生成为人。

第七讲 世　界

　　我们称自己在实际当中遇到的,在接触种种事情、种种活生生的事物与人物时遇到的阻力与素材为现实。我们是在日常交往当中、在熟练的技能当中、在技术设施当中、在与他人的规范性交往及按部就班的秩序与管理当中认识现实的。

　　我们在实际当中遇到的事情,都可以用科学知识加以解释,它们可以作为现实的知识重新应用于新的实际。

　　但是,现实的科学知识从一开始就超出了在此之在的直接利益。它在一贯争斗不休的实际当中、在克服各种阻力的经历中只有一个来源。人想知道,何为真实的存在,而这是脱离一切实际利益的。科学的深刻起源在于纯粹的、忘我的冥想,在于凝视性沉思,在于对来自世界的答案的倾听。

　　知识的科学性得自于方法,得自于它将一切所知之物系统性地统一起来,这就是说,得自于它从各式各样的分散之物走向各种原则,是原则将一切联系起来。

这种现实的知识看起来形成于世界图像当中。全部现实要表现为一个包容一切的唯一的世界,表现为在世界图像当中历历在目的完整世界。即使这一图像在任何时候都不完整,都有待于修正,人们也会认为,这一图像无论如何都是认识的结果,它作为一个完形,在原则上是可以企及的。在此完形中,存在作为现实整体是可以认识的。世界图像应当包括自身相互联系的知识整体。图像位于人类认识的开端,而认识者无论如何都希望有一个图像,以便借助图像来认识整体。

这样,值得注意且影响深远的就是,对无所不包的世界图像——完整世界就形成并终结于这一图像之中——的探寻,以及对完整世界观的这种自然而然的渴望,就建立在一种原则性谬误之上,而这种谬误直到近代才显露出来。

批判性科学在不断进展中告诉人们,不仅迄今的所有世界图像会因其谬误而分崩离析,而且在事实上,认识所具有的作为科学之使命的系统性的统一性,在根基上总是彼此不同的,并且是截然不同的。认识越是成果丰富,这种情况便越是明显。各种统一性越是无所不包——尤其在物理学中更是这样——,在物理世界、生活世界、灵魂世界、精神世界,各种统一性之间越是会明显地显示出种种飞跃。虽然这些世界相互联系,但它们是按照这样一种阶段性顺序组织起来的,即后续阶段的现实的在此之在以先行阶段的现实为前提,而先行阶段的现实似乎无需后续阶段的现实也可以。例如,没有物质便没有生命,但没有生命却可以有物质。人们徒劳地试图从先行阶段中引导出后续阶段,但每一次最终都只是越发清楚地认识到,这是一种飞跃。世界的唯一性整体——所有可由认识加以研究的统一体都属于这一整体——本身并不是可以由理论来概括的统一体,而不过预示了研究的理念而已。根本就没有什么世界图像,有的只是科学的系统性。

各种世界图像总是局部性的认识性世界,被错误地绝对化为世界性存在了。从彼此不同的各种原则性研究观念中形成的,是各种独特的认识角度。每一世界图像都是世界的一个片段,世界本身不会成为图像。"科学式世界图像"不同于神话式世界图像,前者始终是带有科学手段与贫乏的神话内容的新式神化式世界图像。

世界不是对象,我们始终置身世界之中,拥有世界中的各种对象,却始终无法将世界本身当作对象。尤其是在关于星云的天文学图像中——我们拥有几十亿颗恒星的银河只是其中的几百万分之一——,以及在有关普遍性物质的数学图像中——我们从中看到的,始终只是各种现象的方方面面——,我们合乎方法的研究视域所及之处,并没有万物的根据,没有完整的世界。

世界不是封闭性的。世界不可以由其自身来得以解释,而是说世界中的一个事物可以由其他事物得到无穷无尽的解释。谁都不知道,未来的研究会冲破怎样的限度,会达到什么样的极限。

放弃世界图像,已然是科学性批判的要求,也是取得哲学式存在意识的前提。哲学式存在意识虽然以熟悉各种对大千世界的科学研究为前提,但关于世界的科学性知识,其隐秘的意义似乎在于,趋向研究的界限,而在这一界限处,无知恰恰是最为澄明的知识。只有完善的知识才会带来真正的无知。这样,本原性存在并不体现在我们了解的某一世界图像中,而是体现在充实的无知当中。而这只有通过科学认识才行,既不可不经过科学认识,也不可先于科学认识。所谓认识的激情,就是要竭力达到认识力所不能及之处。在无知当中,但只是在充实的、我们争取到的无知当中,才有我们的存在意识无可取代的源泉。

关于何为世界的现实,我们是用不同的方式加以澄清的。遵循科学方法的认识要符合普遍性法则,即一切认识都是解释。理解文本的过程可类比为对存在的把握。做这一类比,不是偶然的。

仅在有所意谓时,我们才拥有存在。我们述说存在时,是在所说之话的含义中拥有存在的。只有语言切中的东西,才能在可理喻性这一层面上加以把握。但是,早在我们述说之前,在与各种事物实际接触的语言中,存在已在我们的意谓之中了。只是当它指示其他事物时,它才得以确定。对我们而言,存在联系着它的意谓。因此,存在与关于存在的知识、存在物与我们有关存在物的语言将各种意谓交织在一起。对我们而言,一切存在都是被解释出来的存在。

意谓本身包含与事物的分离,即与它所意谓之物的分离,这就如同标志与所标志之物分离一样。如果存在被理解为解释出来的存在,那么它似乎要有一种同样方式的分离:是解释解释出了事物。对立于我们的解释的,是被解释之物,是存在本身。但是,这种分离是行不通的,因为对我们而言,没有什么现存之物——即可知之物——仅仅是被解释的、而本身不是一种解释。我们所知道的，总不过是我们的解释投向存在的光束，或对于某种解释的可能性的把握。存在整体必定是这样一种情况：它使得所有这些解释都成为可能的，以至于令我们无法预料的。

但是，解释不是随意的。作为正确的解释，它具有客观性特点。存在促成了解释。对我们而言，所有存在的方式虽然是意谓的方式，却也是必要的意谓的方式。因此，范畴理论作为有关存在之结构的理论，将存在的方式要么勾画为意谓的方式，例如将其勾画为同一性、相互关系、根据与结果这些"对象物"的范畴，要么就是将其勾画为自由或风格等等。

对我们而言，一切存在的意谓都像是某种向方方面面扩展开来的映射。

同样，现实的方式也是解释出来的方式。解释意味着，被解释之物并非存在本身的现实性，而是某种揭示存在的方式。解释不可切中绝对的现实性。一俟我们将解释的内容当作现实性本身，这就是我们的知识中本末倒置的现象了。

我们可以将世界的现实特征从根本上表述为在此之在的现象性。我们至此阐释的是：现实的所有方式均悬而未定，世界图像的特点在于其仅仅是相对性视角，认识的特点在于它是解释，存在相对于我们的被给定性存在位于主客体分离模式之中。我们可能拥有的知识的这些基本特征意味着，一切对象性都不过是现象，没有哪种被认识的存在是存在自身、完整的存在。康德明确揭示了在此之在的现象性。即使这种现象性由于不可得以对象性认识，只可加以超越性认识，因而不具有约束力，具有超越性能力的理性也不能够脱离它。这样，这种现象性不会给迄今的知识增添一丝一毫的新知识，而是在总体上刺激了对存在的意识。由此，在关于世界存在的哲学思辨中，才突然间投下了一经出现便永不磨灭的光芒。如果没有这束光芒，那么各种原则根本无法得以理解，因为它们未得到应用。

不仅绝对的世界图像已成为过眼烟云，而且世界就是不完整的，对于角度各异的认识来说，是零零碎碎的，因为它们不可归结到某个唯一性原则上来。完整的世界存在绝不是认识的对象。

着眼于上文对神与生存的确定，我们不妨将自己对世界之存在的确定深化为这样一条原理：世界的现实是一种在神与生存之间消逝着的在此之在。

日常情况告诉人们的则相反：对我们人而言，世界或世上之物都是绝对的。对于将如此之多的事物都当作决定自身本质的最终内容的那些人，可以引用路德的话来说：你所依赖的、你所指望的，其实就是你的上帝。人不能将别的什么看作绝对之物，无论他希望与了解与否，无论他这样做是偶然地、翻云覆雨地，还是果断地、持之以恒地。对于人来说，绝对者仿佛有其位置，这位置是人无法回避的，人必须来充实这一位置。

几千年来的历史展示出人超越尘世的种种神奇现象。印度的苦行僧——还有中国及东方的一些僧侣——远离尘嚣，为的是摆脱尘世、沉浸在对绝对者的沉思冥想中。世界就仿佛消失了一般，存在——从尘世看来，这就是虚无——就是一切。

中国的神秘主义者摆脱了附着于尘世的欲望，沉浸在纯粹的洞观之中。在这种洞观中,一切在此之在都成为明澈的语言,成为永恒之物的消逝着的现象,成为永恒之物的法则的无限表现。对他们而言,时间永恒地体现着这世界的语言。

西方的探索者、哲学家、诗人以及个别身体力行的人,看待世界就如同他们不是从这世界上来的一般,尽管他们与这世界有着千丝万缕的联系。他们看待这世上的自身与事物,就仿佛自己来自遥远的国度一般。虽然这些事物近在咫尺,他们却超越出时间性现象,以便去追忆永恒者。

而我们这些人,并没有凭借生活实际与知识明确无误的确定性而在存在中发见那种基础,但由于我们联系着世界,所以我们倾向于评价世界。

若将世界视为一种存在的和谐,那么在幸运的境遇中,尘世的魔力则是蒙骗人的。与此相反的,是对巨大不幸的体验,以及洞悉现实所带来的绝望。为了抗拒绝望,虚无主义对立于这种存在的和谐提出的理论是:一切毫无意义。

不偏不倚的真理必定洞悉,无论是存在的和谐,还是虚无主义式破碎境地,皆属谬误。这两者都是彻底的判断,而对世界与事物做彻底的判断,是立足于不充分的知识基础上的。与拘泥于截然相反的各种彻底的判断相反,我们有必要做好准备,不断倾听生命的时间性进程中各种缘起、命运与自己的所作所为。这种准备包括两种基本的体验:

首先是对神绝对地超越于尘世的体验。如果我要泛泛地、一劳永逸地理解和把握神的话,隐秘的神总要退得更为遥远;而他在唯一性境遇中的圣言所具有的绝对的历史形象,却离人无可比拟地切近。

第二是对神在尘世的圣言的体验。世界的存在不是独立自足的,尘世留存有圣言的多义性。圣言只能不经普遍化地在施予生存的瞬间得以历史性的澄清。

存在的自由在于,一如世界本身那样看待世界,而不是将世界看作最终的。在自由之中,才有永恒之物在时间中显现出来。

但是,对于永恒的存在,我们只能借其在现实时间中向我们的呈现加以体验,因为凡呈现给我们的,必定要显现于在世存在的时间性当中。没有什么关于神与生存的直接性知识。在此,有的只是信仰。

信仰的原则是:神存在。有无条件的要求存在。人是有限的、不完善的。人可以依靠神的引导来生活。只要这些原则在作为神之圣言的世界中得到实现,但愿我们就能感受到其真理。如若仿佛环抱着尘世的神能够直接接近生存,那么所发生的一切就不具备交往的特点了。普遍性原则的真理是通过传统这一形式及其在生活中获得的特殊性这一形式诉说出来的。个人意识是在这些形式中体悟到真理的。我们的父辈将它们讲述出来,这些形式有着历史无比悠久的来源:"为主的名起见"……"不朽"……"爱"……

信仰的原则越普遍,就越不具有历史性。它对于抽象性一味要求极高,可单靠这种抽象,人是无法生活的。抽象性由于无法给人以具体的满足,就不过是将追忆与希望联结起来的最低限度。

同时,抽象性具有涤除的力量。它涤除了单纯的具体实在性这一桎梏,以及迷信的束缚,从而能够吸收并在当下实现伟大的历史传承。

神就是存在,自我毫无保留地投身于它,就是真正的生存方式。我在尘世投身于何物,乃至投入自己的生命,这关联着神,取决于神所认可的意愿,并不断经受着考验。而在盲从当中,人未经考虑地臣服于仅在事实上超出人之上、却未使人觉悟的力量,或许还会犯罪般地(由于人缺乏识见、探索、思考)臣服于"魔鬼"。

在献身尘世的现实时——这是献身神所必不可少的条件——,自我的存在形成了。自我存在同时在其所献身的现实当中申明了自身。如果一切在此之在俱融入现实,融入家庭、群族、职业、国家,融入尘世,而尘世的现实又不尽如人意,那么要克服由虚无而来的绝望,就只有针对所有这些特定的尘世存在来坚定地伸张自我。自我仅仅面对神,并出自于神。只有在献身神时,而不是在委身尘世时,这种自我的存在才会自我献身,并感受到在尘世伸张自我的自由。

有一则神话讲的是在神与生存之间悬而未决的世界的存在,它借《圣经》的范畴将尘世理解为某种超越性历史现象,即从创世经过人的堕落以及随后获救的步骤、直至世界末日以及万物再生。这则神话认为,世界并非出于自身,而是某种超越尘世的缘起之过程的一时间的在此之在。世界是消逝之物,而神与生存才是这一消逝之物的现实性。

永恒的要显现在时间当中,甚至每个人都了解这一点。这种现象具有一个矛盾的特征,即在这种现象中,就此现象而言,什么是永恒的,尚留待抉择。

第八讲　信仰与启蒙

我们讲述了哲学式信仰原则：神存在；有无条件的要求存在；人是有限的、不完善的；人可以依靠神的引导来生活；尘世的现实是介于神与生存之间的消逝着的在此之在。这五条原则相互补充、彼此呼应，但每一条原则都在生存的基本体验中有其各自的起源。

这五条原则的每一条都不像关于尘世中的对象的有限性知识那样，可以得到证明。它们的真理只有靠人聚精会神地来"揭示"，或通过某种思想来"阐明"，抑或通过呼叫来"追忆"。它们不可被当作某种信条，而是尽管有其为人所信仰的威力，却始终因不为人所知而悬而未决。我遵循这些原则，并不是因为我承认并顺从什么权威，而是由于我自己的生命无法摆脱它的真理。

要直截了当地说出这些原则，会令人感到畏缩，因为这样做，就像对待某种知识那样，过于草率地对待它们，就会失去它们的意义。它们被当作信条,就会轻而易举地取代现实性。它们虽可得以传诵,以便得到人们的理解,以便为人们在交往中所明确,以便它们像我们所希望的那样,起到振聋发聩的作用,但只要表述是单义的,它们就会变成虚假的知识。

探讨也属于表述,因为当我们思考时,马上会出现双重的可能性:我们要么切中真实的东西,要么错失真实的东西。因此,一切实证的陈述都伴随着对谬误的维护。按部就班地建构所思之物,总伴随有本末倒置的情况。因此,对实证之物的阐发性陈述必定渗透着否定的判断与画地为牢、强词夺理的做法。但是,只要人们做哲学思辨,这种探讨之争就不是权力之争,而是以争执作为在质询中获得澄明的途径,是为澄明真实之物而进行的斗争。在这场斗争中,一切智力的武器既是用于表述自身的信仰的,也是供对手使用的。

在哲学思辨时,恰恰是在有疑问的地方,我才做直接的表述。神存在吗?在在此之在当中,有绝对的要求吗?人是不完善的吗?有神的引导吗?世界的存在是悬而未决、消逝着的吗?如果遇到缺乏信仰的陈述,我就不得不来做答复。这些陈述是:

第一,没有神,因为有的只是世界与尘世缘起的规律;尘世就是神。

第二,没有无条件之物,因为我所遵从的要求,都生生灭灭、变化万千。它们受制于习惯、熏陶、传统、顺从态度;一切都受制于有限之物。

第三,完善的人是有的,因为人可以像动物一样发育良好,可以得到喂养。原则上并没有人的不完善性、人的堕落。人不是未完成的,而是已经完成并且完整的。自然,他像世间万物一样,是消逝着的,但他是独立自足的、在自身的世界中充足完满的。

第四,没有什么神的引导,这种引导纯属幻觉,是一场自我欺骗。人有自作主张的能力,可以相信自身的能力。

第五,尘世就是一切,尘世的现实是唯一的、真正的现实性。由于没有超越,所以虽然世间一切均属过眼烟云,但尘世本身是绝对、永恒、非消逝着的,不是漂移不定的过渡性存在。

与这些缺乏信仰的表述相对立,哲学具有双重使命:把握哲学使命的来源,澄清信仰的真理所具有的意义。

信仰的失落可视为启蒙的结果。那么,什么是启蒙呢?

启蒙的要求所针对的,是不加追问地信以为真这样一种盲目性,是人无助于自身见解的行动——就像巫术一样——,因为经过证实,这种行动是建立在错误假设的基础上的;它针对的,是对无拘无束的追问与探询的限制,是通常的偏见。启蒙要求人为取得认识做出无限的努力,并对任何一种认识的方式及其界限形成批判性意识。

人要求将自己所思、所愿、所做的事情搞清楚。人要自己做思考,运用理智,尽可能证明,什么是真实的。人要联系在原则上可为所有人获得的经验。人要探询认识飞跃之路,而不是把认识当作既定结果接受下来。人要看看,一种证明在何种意义上是有效的,理智不能超出什么样的界限。人还要为那些自己不得不将其当作生活之基础、最终却无法论证的前提做出论证,即为自己遵从的权威、自己感受到的敬畏之心、自己对大人物的思想与行动所给予的敬重、自己对某个人的信任——无论这信任是因时因地做出的,还是根本就无法理喻、不可理解的——做出论证。人即使是在恭顺时也想知道,自己为什么要恭顺。凡是人信以为真的、当作正当之事来做的,都毫无例外地要以人能在内心加以认可为条件。而人们只有说服自己,自己的认可才会得到印证。简而言之,用康德的话来说,启蒙是"人从他咎由自取的不成熟状态中走出来"。启蒙可理解为人成为人自身的必由之路。

但是,启蒙的要求很容易遭到误解,以至于启蒙的意义也变得模棱两可。启蒙可以是真实的,也可以是虚假的。因此,针对启蒙的斗争也是双重性的。它要么——正当地——反对虚假的启蒙,要么——不当地——反对真实的启蒙。这两者常常纠缠在一起。

人们反对启蒙说,启蒙摧毁了传统,而生活就是建立在传统之上的;启蒙瓦解了信仰,导致虚无主义;启蒙给予每个人以任意妄为的自由,因而引发了混乱无序和无政府主义;启蒙造成了人的不幸,因为人失去了根基。

这些谴责切中了那种连真正的启蒙的意义都不懂的虚假启蒙。虚假的启蒙以为,一切知识、意愿、行动都可以建立在单纯的理智基础上(而不是把理智仅仅当作一向无可回避的方法加以利用,来阐明自己必定遇到的事情);虚假的启蒙总是将局部的理智认识绝对化(而不是恰如其分地在这些认识所属的范围内运用认识);虚假的启蒙诱使人相信,一切仅仅是为了自己有所了解以及在有所了解的基础上有所行动,就好像个人就是一切似的(而不是去建立人们共同探究和促进的知识之间的活生生的联系）；虚假的启蒙缺乏对于特殊情况与权威的意识，而人的全部生活都要以这两者为准。简而言之，虚假的启蒙让人这样来自立，即通过理智认识来获取一切真实之物、针对自身而言的本质之物。虚假的启蒙只要知识，不要信仰。

相反，真实的启蒙虽然未有意为之地——即外在地与勉强地——表明思维与质询有其界限，却意识到了实际存在的界限，因为真实的启蒙不仅是去澄清迄今未经质疑之事、各种偏见和所谓不言自明之事，而且也去澄清自身。真实的启蒙没有将理智的方法与人的生活内容混为一谈。这表明启蒙虽然可以借理性地演绎的理解来得以澄清，但它并不是建立在理智基础上的。

我们来看看一些针对启蒙的独特攻击之辞。对启蒙的谴责是，它纯属人的武断，人要将一切原本仅仅是恩惠赐予人的归功于人自己。

这种谴责忽视了，神不是通过命令与启示他人立言的，而是借人的自我存在，通过人的自由来立言的，即不是外在地立言的，而是内在地立言的。如若人那由神给予的、关联神的自由被削弱了，那么恰恰就是神借以间接地立言的东西被削弱了。对抗自由、反对启蒙，事实上就积聚起对神的反叛，从而去佐助所谓神性的、人臆想出来的信仰内容、信条和戒律，辅佐由人确立起来的秩序与行为方式。而在这些情况下，正像在人的一切事务中一样，愚昧与智慧混而不分地交织在一起。如果不对此加以深究，就会导致牺牲人的使命，因为贬低启蒙，就如同背叛人。

启蒙的第一个重要因素就是科学，而且是无前提条件的科学，即其探询与研究均不受事先规定好的目的与真理制约的科学，也即摆脱了出于人道要求针对研究者做道德束缚的科学。

人们听到过一种呼声：科学摧毁了信仰。古希腊的科学尚与信仰相协调，可以用来阐明信仰。但现代科学则完全是毁灭性的，它纯属灾难性世界危机的某种现象。现代科学的末日指日可待，而且它的末日正全力加速到来。人们怀疑这种科学有无恒久澄明的真理，否认在今天不靠科学态度就再也什么都干不成的人还享有尊严。人们排斥启蒙，把它看作不过是理智平庸的结果，而非理性广阔深远的结果。人们反对自由主义，只看到它在顺其自然、相信外界在进步时变得僵化麻木，而没有看到自由思想的深刻力量。人们非难宽容，认为这是缺乏信仰的、冷漠的无动于衷态度，而没有看到人们普遍愿意相互交往。简而言之，人们贬低人类尊严、认识能力和自由的基础，猜测哲学式生存即精神上的自杀。

相反，我们清楚，既然历经历史传承和种种境遇，人们认为科学性是可能的，那么没有真正的科学性，就再不会有真理性、理性与人的尊严。人如果失去了科学，就会在心甘情愿的盲目状态下产生迷茫、错觉、含含糊糊的虔诚心绪、狂热的抉择。各种条条框框会重新将人束缚起来。

为什么要同启蒙作对呢？

这常常来自于某种荒谬的渴望，即渴望去顺从那些被当作神的代言人的人。这种作对源出于夜间的激情，它不再遵循日间的规则，而要在体会到缺乏根基时无根无据地营造起所谓拯救人的虚假秩序。人在缺乏信仰时渴望信仰,想接受信仰。权力意志认定,人越是盲目地顺从作为权力之手段的权威性,就越是变得恭顺。

如果要援引基督与《新约》的话,那么仅仅援引几千年来若干教会的与神学中的情况,是有道理的。可如果这样做是意指《圣经》中的宗教本身的起源及其真理的话,则是没有道理的。起源与真理是活跃在真实的启蒙中,由哲学来阐明的。或许,哲学起到了一份成就的作用,为存在于这新的技术世界中的人保存这些内容。

对启蒙的各种攻击之所以总是显得振振有辞,是由于启蒙本末倒置的情况。针对这种本末倒置情况的攻击,事实上是有理有据的。之所以有可能出现本末倒置的情况,是因为启蒙的使命过于沉重。伴随着启蒙而来的,是变得自由了的人的狂热,人因自由而感到自己更加坦诚地面向神性,而这种狂热会反复出现在每个刚刚成长起来的人的身上。但是不久,启蒙就有可能变成某种几乎无法承受的要求,因为神的声音绝不会出于自由就可清晰地倾听到,而只能在维系生命的努力过程中、在人被赐予他从未想到过的馈赠那一瞬间倾听到。人在一味等待于这一瞬间有所获悉时,并不总是能承受消极的无知态度这一重负。他要明确地得知最终的结果。

人抛弃了信仰后,便听命于理智思维,指望理智思维为他指明虚假的确定性,即何为生活中至关重要的。可是,由于思维做不到这一点,人就只有靠错觉来满足这一要求,即将各式各样、数不胜数的有限的特定之物——时而是这,时而是那——绝对化为整体。个别的思维形式被当成了一般的认识,不断的自我考察则失去了连贯性。通过某种最终的虚假确定性,就可取消这样的自我考察。偶然、因时因地而变的随意性见解要求充当真理,但经过某种虚妄的阐释,反而成了新的盲目性。由于这样的启蒙宣称,可以通过自身的见解了解与思考一切,这样的启蒙事实上就是任意妄为。它不可能靠一知半解与胡思乱想来实现这种不可能的要求。

针对所有这些本末倒置的做法,不做思辨是无济于事的,只有发挥出思维的全部作用、其对自身界限的批判性意识、其将认识联系起来的有效功能才行。只有同完整的人的自我培养同时进行的对思维的训练,才能防止随意性思维败坏人,防止启蒙的澄明变为扼杀人的气氛。

恰恰是最为纯正的启蒙才意识到,信仰是不可回避的。哲学信仰的五条原则不能够像科学论点那样得以说明。促使信仰变得合乎理性,是不可能的。这尤其无法靠科学来做到,也无法靠哲学来做到。

认为理智仅凭自身就可认识真理与存在,这是虚假的启蒙的一个谬误。理智要依赖其他事物。作为科学认识,它依赖直观与经验。作为哲学,它依赖信仰的内容。

理智尽可以在思维中进行演示、归整、阐释,但它必须做到赋予其见解以对象性含义,赋予其思维以内容,赋予其行动以意义,赋予其哲学思辨以存在的内容。

思维所依赖的这些前提条件从哪里来,这一点终究是显而易见的。它们根植于统摄之中,我们的生活就来自于统摄。如若我们缺乏统摄的力量,就会倾向于那五种对信仰的否定。

很明显,直观性经验的前提来自于世界,信仰的前提条件来自于历史传承。在这些外在的形式中,这些前提条件只是些线索。但根据这些线索,才能寻找到真正的前提条件。这些外在的前提条件要经受不断的检验,不是以理智作为法官——理智自以为了解什么是真实的——,而是以理智作为手段。理智检验经验,依靠的是其他经验。理智也依靠传承下来的信仰来检验传承下来的信仰,同时根据源于自身存在的各种因素本源性地觉醒过来,检验一切传承。科学为经验确定了必不可少的直观,凡采取既定方法的人,均无法回避直观。哲学则通过在理解中想象传承而将信仰内心化了。

要拒斥无信仰的态度,不能依靠直接克服无信仰的态度,而只有依靠反驳所谓的知识那可证实的、虚假的、合乎逻辑的要求,依靠反驳虚假地呈现出来的、经过合理化的信仰要求。

表述哲学信仰的原则时,其谬误肇始于这种表述被当作对某一内容的传达之际,因为在这些原则中的任何一个原则的意义上,都不存在绝对的对象,而是存在某种变得具体化的无限性的标志。当信仰意识到这种无限性时,尘世存在的有限之物就成为这一根据含义多端的现象。

一经哲学思辨者诉说出这些信仰原则,它们就类似于一种信念。哲学家不应当尽可能地利用自己的无知,来回避任何一种回答。从哲学上说,他会小心翼翼地重复道:我不懂得这些;我也不知道自己是否有信仰;但我觉得这些原则所表述的信仰是有意的。我想勇于信仰,并拥有靠信仰来生活的力量。在做哲学思辨时,在悬而未决的表述所显露出的犹犹豫豫与果决行动的现实性之间,总留有一种张力关系。

第九讲　人类的历史

对于我们确定自身来说,没有什么现实比历史更为重要了。历史向我们展示了人类最为广阔的视域,给我们带来了奠定我们生活之基础的传统内涵,赋予我们衡量当下事物的尺度,将我们从不自觉地束缚于自身时代的状况中解放出来,教会我们认识到人的无限可能性及其永恒的创造活动。

我们要打发自己的闲情逸致,最好的方式莫过于去了解光辉的历史,熟悉历史,认识毁灭一切的灾难。凡我们亲身感受的,都可以借历史之镜理解得更为深刻。凡历史上流传下来的,从我们自己的时代去理解,都会变得活灵活现。在历史与当下的相互映现中,我们的生活一往直前。

只有在切身之处,在亲身的直观中,在涉及个人时,历史才真实地向我们走来。而在做哲学思辨时,我们则是在做一些始终是抽象的论述。

第九讲 人类的历史

世界历史看起来像种种偶然事件混成一团。它在总体上乱成一片,像一股旋流。它总是从一团混乱走向另一团混乱,从一个灾难走向另一个灾难,只有片刻的幸运时光,只有片刻免遭风暴侵袭的乐园,直至就连这乐园也为风暴所淹没,一切淹没入一切之中,就像马克斯·韦伯所描述的那样,这是一条魔鬼用毁灭了的价值砌成的道路。

我们会认识到各种事件的相互联系,同样认识到个别的因果联系,如技术发明影响工作方式,工作方式影响社会结构,征伐他国影响群族的形成,战争技术影响军事组织,军事组织影响国家机器,如此等等,以至无穷。而某些完整的视角是超出因果联系的,如思想风格的演进经历了一代又一代人,表现为前后替演的各个文化时代,表现为发展起来的庞大而完整的文化体。斯宾格勒及其后继者认为,这些文化产生于大众一味得过且过的生活,就像植物生长于土壤中。它们生生灭灭、数量无限——斯宾格勒列举了迄今的 8 种文化,汤因比列出了 21 种——,这些文化相互间少有联系,或没有联系。

这样看来,历史毫无意义。它没有统一性,没有结构,仅有数不清的因果联系与形态,就像自然事物一样,只不过历史事件更难于精确判断而已。

但是,历史哲学意味着去探询世界历史的意义、统一性及其结构。而意义、统一性及其结构只能在整体上涉及人类。

我们不妨来勾画一个世界历史的图式:

人类已经生活几十万年了,这一点可以用有时间标志的地质层中发现的骨骸加以证实。几万年来，都生活着与我们体质极其相似的人，他们残留了各种工具与绘画。直到五六千年前，我们才有了文字记载连贯的历史。

历史上有四重深刻的转折：

第一，仅仅可以推断的是，第一项伟大的进步是语言的产生、工具的发明与火的点燃及利用。这是普罗米修斯的时代，一切历史的基础。靠了它，人才成为人，不同于我们无法想象的、仅仅是生物意义上的人的存在。至于这发生于何时，各项个别的进步如何分布于漫长的时间当中，我们则无从得知。这个时代必定极其漫长，是一段明明有证据、却几乎消失殆尽的形形色色的历史时光。

第二，公元前5000至公元前3000年，在埃及、美索布达米亚、印度以及稍后在中国的黄河流域，形成了古老而发达的文化。这些文化是已然分布整个地球的大量人类的小小奇葩。

第三，公元前500年，即公元前800年至公元前200年之间，产生了人类的精神基础，从此一直延续到今天，而且它是在中国、印度、波斯、巴勒斯坦、希腊同时而又彼此独立地产生的。

第四，此后只发生过一次全新的、在精神与物质方面均极其重要的事件，具有同等重要的世界历史意义。这就是科学技术时代的来临，它在欧洲于中世纪之后酝酿而成、17世纪奠定了思想基础、18世纪末广泛传播开来、自近几十年来才得到飞速发展。

我们来看看公元前500年前后的第三次转折。黑格尔讲过："一切历史均趋向基督，并来自于基督。圣子的出现是世界历史的轴心。"对于世界历史具有基督教式构成来说，我们的纪元方法就是日常明证。其缺点是,这种泛历史观点仅对虔诚的基督徒来说才会具有意义。但即使在西方,基督徒也没有将自己的经验性历史观点同这种信仰联系起来。基督徒认为,圣迹的历史意义完全有别于俗世的历史。

如果真有世界历史的轴心的话,那么它就应当仅仅是为世俗历史而存在的,并且可在经验上确定为事实,能够作为事实有效于所有人,同样有效于基督徒。这种事实情况必须对于西方、对于亚洲、对于所有人均有说服力,而无须以某种特定的信仰内容作为标准。这样,各个民族就会形成在历史中自我认识的共同框架。这一世界历史的轴心看来存在于公元前 800 年至公元前 200 年之间的思想进程中。当时出现了我们至今都离不开的人。这一时期可简要地称为"轴心时代"。

非凡的事件都集中在这一时代发生了。在中国生活着孔子和老子,产生了中国哲学的所有流派,墨翟、庄子、列子以及不可胜数的其他哲学家都在思考着;在印度出现了《奥义书》,生活着佛陀,所有的哲学可能性,甚至于像怀疑论和唯物论,诡辩术以及虚无主义都产生了,其情形跟中国别无二致;在伊朗,查拉图斯特拉在传授他那富于挑战性的世界观,即认为这是善与恶之间的一场斗争;在巴勒斯坦,从以利亚经由以赛亚及耶利米到以赛亚第二,出现了先知;在希腊则有荷马,哲学家巴门尼德、赫拉克利特、柏拉图,许多悲剧作家,修昔底德,以及阿基米德。在这短短的几个世纪内,这些名字所勾勒出的一切,几乎同时在中国、印度和西方,这三个相互间并不了解的地方发生了。

此时,各地都呈现出这个时代的新颖之处,即人意识到完整的存在,意识到人自身及自身能力的限度。人感到世界的可怕与自身的渺小，提出了极端的问题，在面临深渊时寻求解放与解脱。人在意识到自身能力的限度时，便为自己提出了至高目标。人感受到深刻的自我存在与澄明的超越所具有的无条件性。

人们探索了相互冲突的各种情况。争辩的开展、学派的形成、思想的分化彼此矛盾又相互影响，造成了各种动荡与不安，濒临思想混乱的边缘。

在这一时代，我们至今仍在借以进行思维的那些基本范畴纷纷提了出来，人们今天仍然依赖的那些世界性宗教创造了出来。

在这一过程中，至此尚不自觉地发挥影响的各种观点、习俗、状况均受到质疑。一切都卷入了旋涡。

平静安宁且景出天然的神话时代寿终正寝了，取而代之的，是从理性与现实经验出发的与神话的斗争，是为了唯一性上帝的超越而反抗魔鬼的斗争，是出于伦理的义气反抗虚妄不实的诸神的斗争。当神话在总体上被摧毁之时，各种神话纷纷改变了形态，得到新的深刻理解。

人不再局限于自身，他对自身没有把握，这样就向全新的、无限的可能性敞开了自身。

此时首次出现了哲学家。人们勇于作为个人立足于自身。中国的离群索居者与漂泊的思想家、印度的苦行僧、希腊的哲学家、以色列的先知都是同一类人物，尽管他们的信仰、思想、内心感受彼此不同。人能够在内心深处对立于整个世界。人在自身发现了让自己超出自身并超出世界的起源。

此时，人对历史形成了意识。这是非同寻常之事的初始。但人感受到，也了解到，在此之前有着无尽的过去。早在真正的人的精神觉醒之初,人就在做追忆。人意识到何前何后,意识到生生灭灭。

人想要有计划地掌握各种事件的进程,恢复或首创种种合理的局面,考虑以何种方式让人们共同生活、对人们进行管理与统治,才最好不过。各种改革的想法支配着人的行动。

就连社会状况也在所有这三个区域显示出彼此类似的情况。到处都是小国家、小城市,到处都是相互征伐。而正因如此,才有可能出现最初的令人叹为观止的繁荣。

但是,这一时代的繁荣是经历许多世纪才出现的,这一时代不是一蹴而就地发展起来的,毁灭与新生是比肩并行的。尽善尽美的情况从来就没有过。个人所实现的充分发展的情况,并非人们的共同财富。最初的行动自由,最终都变成了无政府状态。当时代丧失了创生力时,在上述三个文化区域就出现了观点僵化、平庸无奇的情况。当混乱无序变得越来越无法令人忍受时,人们便渴望重新聚集在重建的持久稳定局面中。

最初出现的是政治上的结局。在中国(秦朝)、印度(孔雀王朝)和西方(希腊诸城邦与罗马帝国),几乎同时出现了庞大、统领万方的帝国。世界各地都在分崩离析之际首先建立起技术上与组织上合乎目标的秩序。

直至今天,人类精神生活仍关联着轴心时代。中国、印度和西方都有自觉地追溯往昔的努力,或称文艺复兴。尽管新颖、博大的精神创造不绝如缕,但这些创造都是由了解到轴心时代所取得的成就而焕发出来的。

这样,洪大的历史之流从最初的人之为人开始,流经古老的发达文化,流至轴心时代及其后继时代,直至我们这个时代仍然焕发着创造力。

这样看来,此后又有了第二次洪流。我们的科学技术时代仿佛第二次开端。只有最初发明工具、传播火种,才可与之媲美。

如果我们可以冒昧地借类比来做一番猜测的话,那么就是:我们会经历类似于古老的发达文化所具有的组织与规划这些形态,就像古代犹太人找到了新的定居地时,便迁移出埃及,并极端憎恶这一劳役地一样。或许,人类会经历这些庞大的组织,走向全新的、距离我们尚且遥远的、不可见也不可想象的、真正使人成为人的轴心时代。

可是,如今我们生活在一个可怕的灾难性时代。就好像一切流传下来的东西都要融解掉,而某项新的建设尚未令人信服地显示出其根基来。

新的情况是,历史在我们这个时代首次变成了世界历史。与当今全球通过交流而成为一体的情况相比,以往的一切历史不过是地区性历史的集合。

我们所讲的历史,在迄今的意义上已然终结。在前历史的几十万年间,人类蔓延遍居地球。在这与肇始于今天的真正的世界历史之间,五千年只是个过渡性瞬间。用前人所经历的时代以及未来的种种前景来衡量,这几千年是一段微不足道的时间。这段历史似乎意味着人类的相遇与相聚,以便走向世界历史。它是做长途旅行的精神与技术成果装备。我们刚刚开始举步。

如果我们把自己时代的现实看得一团漆黑,认为全部人类历史已消亡殆尽,我们就必须面对上述前景来确定方向。我们尽可相信,人类有其未来的前景。短期看来,今天的一切都含糊不清,长远看来,则不是这样。要明确这一点,我们就需要以完整的世界历史作为尺度。

如果我们今天确实在成长,在寻求真理、洞悉人类存在的尺度,我们就更能坚信未来。

如果我们追问历史的意义,那么相信历史有其目标的人就不仅要思考这一目标,而且要有计划地实现这一目标。

可是,当我们要在总体上有所规划地把握方向时,我们会感到自己渺小无力。出于所谓的无所不包的历史知识,拥有权力的人的自负规划会一败涂地。局限于自己狭小圈子的个人规划,不是行不通,就是要变成完全不同的、毫无规划的意义总体的一个环节。历史的进程要么就像一股旋涡,面对它,没有人能够自我把持;要么就像某种意义,它可得以无限的解释,伴随种种新的缘起而出人意料、扑朔迷离。每当我们信赖这种意义时,它总是无从知晓。

如若我们将这意义放在尘世可获得的幸运结局中,就会发现它远非我们所能预料,远非迄今的历史所能揭示。毋宁说,人类历史与这意义背道而驰。它进程紊乱,它的道路成功不足、失败有余。对于历史的意义这一问题,是无法靠将意义表述为目标这样一种答复来解决的。

任何目标都是局部性的、暂时的、可被其他目标超过的。将全部历史当作在总体上一次性抉择的历史,其成功之处总要以忽视实质为代价。

神对人意欲如何？或许，我们有可能设想一个宽泛而并非特定的意义：历史是启示人为何物、人能够怎样、人会成为什么、人能够做到什么的场所。而最大的威胁莫过于，给人确定一项使命。在至高的人的存在的现实性中，通行的不仅是安全可靠的尺度。

这样，历史便具有了更多意义：它是启示神性存在的场所。存在启示于人与人之间，因为上帝并非以唯一的、排他的方式显现在历史中。每个人都有可能直接面对上帝。在历史的多样性中，人那无可替代、无可引申的独特权利随处可见。

设想这一不确定的意义，则意味着，如果将我触手可及的幸运预想为尘世的某种至善、人类境遇的天堂，那么什么都无可指望。如果一切取决于人的存在的深刻性，而这种深刻性同对神性的信仰息息相关，那么一切均可寄予期望。如果我仅仅外在地做期待，那么就毫无指望。如果我在起源中托身超越，那么一切均可寄予期望。

人的统一性可以从形式上加以确定，它并非历史的最终目标，而是这样一种目标：它本身就是获取人的存在的最高可能性的条件。

这种统一性不可以借科学所具有的合理的普遍性来获取，因为科学仅仅带来了理智的统一性，而没有带来完整的人的统一性。这种统一性也不存在于某种普遍性宗教中，就好像人们可以在宗教会议上经过商榷来齐心协力地确定统一性似的。这种统一性也不因人的健全理智所讲出的开化语言就约定俗成地存在。这种统一性只能从历史性的深度中获得，它不是人人可知的共同的内容，而仅存在于具有历史性区别的人那开放的、站在纯粹的爱的搏斗的高度上相互交流所展开的无限交往中。

　　开拓出非强制性空间，是进行这种合乎人性的交流的前提。赢得这片空间，人类在秩序井然的生活基础上达到统一性，才是可以想象的。而这已然是许多人努力的目标。这种统一性目标仅涉及人生活的基础，并不是要达到某种共同的、普遍有效的信仰内容。借助于各种实际力量对比关系，借助于各种必然性境遇，依靠坚韧的精神努力达到这一目标，并不完全是乌托邦。

　　这种统一性以在此之在的某种政治形式为条件，所有的人均可联合在这一形式中，因为这一形式为所有人带来了最高限度的自由这一机遇。这一形式仅在西方得到了部分的实现，并在原则上得到详细考虑。它就是法制国家，它靠选举与法律得到合法性，只有通过法律途径才有可能更改法律。这样，人们就努力去认识真实的情况，了解公众舆论，让尽可能多的人通过各种消息来取得最为明确的见解，完整地把握方向。

　　在法制的世界秩序下，或许会终结战争，没有哪个国家还能施行绝对的主权，只有人类的法制秩序及其各种职能才享有主权。

　　如果人们意愿交往，放弃强权，以便建立虽然还不是合理的、但正变得越来越合理的法制秩序，那么乐观主义是无济于事的，因为乐观主义相信这类意识具有说服力，径直认为未来是可以拯救的。其实，我们有理由看出截然相反的情况。

　　我们看到，每个人都自顾自、任意妄为、拒绝自我澄明，利用诡辩来蒙蔽哲学。我们看到，人们排斥外人、而不是与之交往，喜欢权力和暴力，大众盲目希望有所获取，沉迷于战争的机会，并沉迷于疯狂的、牺牲一切的、以死相拼的冒险行经。相反，我们很少看到，大众有所不为、勤俭忍耐、清醒地建设稳定的社会状况。我们看到，人们激情狂奔，近乎毫无顾及地突破所有脉脉温情地自行其事。

且不考虑人的性格特点，我们也还看到所有机制均无法克服的不合理性，看到某些境况是无法合理地解决的，或许是由于人口的增加及其分布的原因，或者是由于有人垄断某些大家可望而不可及的东西。

因此，强权会采取任何一种形式重新冒出头来，这看起来是近乎无法超越的局限。这样就再度出现一个问题：是上帝还是魔鬼在统治世界。而相信魔鬼终究要臣服于上帝，则是无法证明的信仰。

如果我们作为个人看到自己的生活一纵而过、化为乌有，自身被卷入毫不相干的各种偶然情况和强大事件，看到历史似乎已走到尽头，只留下一团混乱，我们就会尝试着振作起来，超越历史。

我们必须保持对自己的时代、自己的境况有所意识。不阐明自己在此时此地的被给定性，现代哲学就发展不起来。但是，即使置身时代条件之下，我们也不是从这一条件出发做哲学思辨的，而是随时随刻从统摄出发做哲学思辨的。我们不能委身于时代、将一切推诿给时代，即使我们能做到这一点。相反，我们应当努力阐明时代，借此深入能使我们生活得更为深刻之处。

我们也不应当将历史神化。我们无需认可所谓世界历史即尘世的审判这种不信神的话。历史不是最终的判决。失败并非对以超越为根据的真理的反证。贯通历史、吸收历史,我们就扎根在永恒之中。

第十讲　哲学思辨者的独立性

人的独立性备受集权主义者谴责,无论这种谴责出自以唯一真理自居的宗教信仰,还是来自将一切人性之物均投入权力机构建设的国家。国家不给个人留下丝毫属于自己的东西,就连业余时间的忙忙碌碌都要符合某种思想路线。独立性似乎静悄悄地消失在随着典型性、习惯性、未经质疑的不言自明性而泛滥开来的一切生活中。

但哲学思辨意味着,在一切情况下争取内心的独立性。那么,何为内心独立性呢?

自古希腊晚期起,就留存有一个作为独立之人的哲学家的形象。这一形象特征多样。哲学家之所以独立,一是因为他毫无欲求,摆脱了财富世界与欲望的控制,过着禁欲的生活;二是因为他毫无畏惧,他洞察到,宗教的恐怖景象并不真实;三是因为他不参与国事与政治，作为一名世界公民生活得默默无闻、宁静安详、无牵无挂。在任何情况下，哲学家都相信，要有绝对的独立性，有置身局外的立场，才能做到不为所动、处世泰然。

这样的哲学家成了人们仰慕的对象，但也成了人们猜疑的对象。他的真实情况想必花样翻新地表明，他贫困、独身、无职业、不问政治的生活保持了非同寻常的独立性，证明幸福不由身外之物决定，而来自于漂泊意识和对命运的打击所抱的无所谓态度。但是，有些情况也表明，他有一种强烈的自尊心、一种有所作为的意志以及由此而来的骄傲和虚荣、人性的冷漠、对其他哲学家的可恶敌意。所有的人都觉得，他的学说含有一种教条式态度。他的独立性很不纯粹，以至于这种独立性有时显得像不可一眼看穿的可笑的不独立性。

毕竟，在历史上的《圣经》里的宗教之外，这里有一种可能的独立性的来源。了解这样的哲学家，会唤起我们自身的独立意志。这或许是由于人们看到：人不能停留于离群索居的孤寂状态。这种所谓的绝对自由会马上翻转为另一种不独立性，即在外界依赖于世人，以便赢得世人的仰慕，在内心则依赖无可名状的激情。这样的古希腊晚期哲学家的道路是走不通的。尽管他有时显得出类拔萃，可他在争取自由时遗留下了僵化的身影与空洞的面具。

我们看到，当独立性自封为绝对独立性时，就转变为自身的反面。我们能够在何种意义上追求独立性，是根本无法轻易回答的。

独立性几乎无法回避地具有歧义性。我们来看看几个例子：
哲学作为形而上学构思其思维游戏，就像思维者凭借其无限的可能性,始终主导着自己构思出来的思维形态一样。这样就带来一个问题:人成为自身思想的主人,是因为他不信神,能够无须关联某种根据地进行自己的创造性游戏,根据自己制定的游戏法则任意妄为,陶醉于游戏的形式;还是相反,因为人关联着神,始终支配着自己的语言,必定对语言的里表内外俱得心应手,而绝对性存在总显得与语言的里表内外不尽吻合,因此需要无尽的变化?哲学思辨者的独立性在于,他不能将自己的思想当作教条,并受教条的约束,而要成为自己思想的主人。但是,成为自己思想的主人,这始终具有歧义性:要么任意地脱离与超越的关联,要么关联超越。

另外一个例子是:为了做到独立,我们试图在世界之外寻找到一个阿基米德支点。这种探询是真实无妄的,可问题是,这一阿基米德支点是否是一种外在于世界的存在,使得彻底独立的人几乎变得同神一样了,抑或这一支点远在人真正同神相遇并体会到自身无以伦比的依附性处之外,这才使得人在世上独立起来?

由于这种歧义性,独立性不再是真正的自我存在得到历史性实现之路,反而轻而易举地显示出其实完全可以另当别论这样一种无约束力的情况。这样,自我存在就迷失在人所扮演的各种单纯的角色之中。这种表面上的独立性像所有鱼目混珠的情况一样,有着无尽的表现形态,例如:

人有可能以审美的态度来看待一切,无论这些是人,是动物,还是石头。或许这种态度带有一种虚幻的力量,就好像某种神话式感受一再出现似的。但是,这就如同一种"视而不见",因为它在生命攸关的抉择问题上不做决定,虽然准备去冒任何生命之险,却未扎根在无条件者之中。人生活得对各种矛盾和荒谬之事无知无觉,对于多闻多见有着无节制的欲望,在受时代束缚的情况下,试图尽可能地摆脱束缚,达到自身意志与经历上的独立性。这种生活在备受束缚之时,确保人在内心不为所动,把表述所见所闻看作在此之在出类拔萃之处,并将语言当成了存在。

这种不受约束的独立性喜欢忽略自身。对所见所闻的满足令人对存在心醉神迷。存在似乎显露在这种神话式思维中,这种思维就是某种思辨性的诗作。

但是,存在并不显露在对单纯见闻的倾心之中。这种真挚而孤寂的幻想、言语谈吐的非交往性表达、用知情与陈述那不容置疑的语言做出的动人描述是远远不够的。

人会在拥有存在这样一种虚幻中尽力忘却自身。一味杜撰存在,令人灯枯油灭。但在杜撰时,总还有反省自身的倾向。而暗地里的不满足则令人重新赢得真正的严肃性。这种严肃性只能实现在当下的生存中,它摆脱了虚无的态度。而虚无的态度就是:有什么就看什么,想怎样做就怎样做。

不受约束的独立性进而表现在随意性思维中。而不负责任地游戏于对立事物之间,则可以根据需要采取任何一种立场。人们擅长所有方法,却不专注于任何一种。人们的见解毫无科学性可言,却装出一副颇具科学性的样子。如此言谈的人变化多端、反复无常①、令人无法捉摸。他本来什么也没有说,却做出一言九鼎的样子,充满预见力的断语、喃喃自语,显得神秘莫测,引人入胜。但

---

① 原文为"希腊神话中反复无常的海神柏洛托士"。——译注

他不可能做真正的探讨,而只会翻来覆去地变着花样儿讲有趣儿的事情。他只能人云亦云,似是而非地深有感触,毫无目的地随波逐流。

不受约束的独立性可以表现为对尘世无动于衷这样一副样子,因为世界是无法忍受的。

死亡是无所谓的事。它反正要到来,人又何必不安呢?

人的生活有生命力充盈的欢乐与生命力匮乏的痛苦。只要自然条件允许,人尽可去品味、去体会原汁原味的事物。人们不再好斗,好斗根本不值得。温情的爱虽然是可能的,但它局限于时间,局限于不常驻、无持存之物。所以,没有什么是无条件的。

人们生活得无拘无束,既不希望做什么非同寻常之事,也不想作什么非同寻常之人。人们只做应当做之事,或似乎应当做之事。过于慷慨激昂是可笑的。人们只有在日常共处中才乐于助人。

这种在此之在既感受不到前景,也感受不到未来,既感受不到往昔,又感受不到未来。它什么也不期望,只是活在此时此地而已。

我们容易陷入各式各样似是而非的独立性,这使得独立性本身成问题了。可以确定的是,为了真正做到独立,不仅需要澄清种种歧义性,而且还要意识到,一切独立性均有其界限。

[第一,]①绝对的独立性是不可能的。在思维时,我们不得不依赖自己所获得的直观,在生活中,我们不得不依靠与之相互帮助、以便维持生计的他人。作为自我存在,我们依赖其他的自我存

---

① 方括号内容为译者根据上下文添加。——译注

在。我们双方在交往中才真正成为我们自身。根本就没有孤立的自由。自由所在,即同不自由角逐的所在,通过取消一切对立面来克服不自由,也就取消了自由本身。

因此,只有当我们同时纠缠在尘世当中时,我们才会独立。独立性是不能够靠人脱离尘世来取得的。在尘世中保持独立,毋宁说意味着某种对待尘世的态度:既置身世内又置身世外,既入世又出世。这一点在各位大思想家的下述命题中是共同的,无论其意义有何不同:

亚里斯提卜谈及各种经历、享受、幸运与不幸的境遇时讲:要物物而不物于物;保罗要求人参与必要的尘世生活时说:尽管拥有,却没必要当回事;《薄伽梵之歌》讲道:只问耕耘,不问收获;老子的格言是:无为无不为。

这些永恒的哲学命题意旨何在,是需要阐释的,而对此的阐释是无穷无尽的。我们了解一点就够了,即它们是表述内心独立性的方式。我们相对于世界的独立性是与某种世间的依附性分不开的。

独立性的第二重界限是:独立性仅仅作为独立性就什么也不是。

独立性曾经被消极地表述为:摆脱了恐惧、对获救与否无所谓、一味沉思而心无旁骛、不为感情和欲望所动。但是,这里的独立性一般来说不过是我的一个方面。

独立性的内容并不来自于独立性自身。它不是某种素质、生命力、种族所具有的力量,不是权力意志,不是自我创造。

哲学思辨形成于某种在世间的独立性,这种独立性由于其超越性而等同于绝对的关联性。所谓无关联性的独立性随即就会转变为空洞的思维,即形式上的思维,它意识不到内容、分有不了理念、无法立足于生存。这种独立性会流于随意性，尤其是随意否定。它可轻而易举地质疑一切，却不具有任何引导追问、关联一切的力量。

与此针锋相对的，是尼采的激进命题：只有当上帝死了，人才会自由，因为只要有上帝在，人就成长不起来。人始终像未加拦蓄的水流一样流向上帝，无法积聚起自身的力量。但是，人们恰恰要借用与此类似的比喻，反其道而行之地反驳尼采说：只有在瞻望上帝时，人才会振奋向上，而不至于未经储蓄地流向单纯日常的虚无性当中。

我们可能具备的独立性的第三条界限在于我们作为人的存在的基本状态。作为人，我们身陷彻底的本末倒置状态，无法从中脱身。我们的意识初次觉醒时，我们就已陷入虚幻了。

《圣经》用原罪的实例、以神话的方式说明了这一点。黑格尔哲学以一种宏大的方式阐明了人的自我异化。克尔凯郭尔抨击了我们身上的魔鬼属性，即人们绝望地陷于封闭性之中。社会学更为粗线条地谈及统治我们的各种意识形态，心理学则谈及控制我们的心理情结。

我们能否做抑制与遗忘、遮盖与掩饰以及本末倒置情况的主，以便真正达到自身的独立性？保罗揭示出，我们无法真正做得很好，因为不经认识，良善的行为就是不可能的。可如若我认为自己的行为是良好的，就已经在骄傲、自信了。康德则揭示出，在我们的良善行为中，认识是如何以隐秘的动机作行为的条件的，即我们的幸福不能受到过分损害。因此，行为是不纯洁的。我们是无法克服这种极端之恶的。

我们的独立性本身就需要救治。我们只能尽力,也必须希望,在世界不可洞见的情况下,我们会在内心得到不可思议的救助,摆脱本末倒置的情况。我们可能具备的独立性始终是对超越的依赖性。

应当如何看待哲学思辨在当今可能具备的独立性呢?

这就是:不归属于任何哲学学派,不将表述出来的真理当作排他的、唯一的真理,而做自己思想的主人;

不积累对哲学的占有,而是将哲学思辨当作一种活动来深入推进;

在无条件的交往中追求真理与人性;

使自己能够吸收性地学习一切往昔,倾听现时代的声音,向一切可能性开放自身;

作为个人深入自身的历史性,深入历史性的来源,深入自己的所作所为,接受自己的过去、自己的变化、自己得到的馈赠;

不断地通过自身的历史性加入人类整体的历史性,加入世界公民的行列。

我们不相信有哪个哲学家是不让人批评的,不相信斯多葛派的安宁,从未渴望过不动心的心境,因为正是我们人的存在使得我们体验激情与恐惧、泪水与欢乐。因此,我们只能关联自己的情感起伏实现升华,而不能靠消灭情绪波动来成就自我。我们要勇于去做人,尽力去做自己力所能及之事,以此来赢得自己充实的独立性。这样,我们才会受难而不悲哀,绝望而不沉沦,震惊而不至于完全不知所措。这时我们就会捕捉到,自己内心形成了独立性。

的确,哲学思辨就是对这种独立性的训练,而不是对独立性的占有。

第十一讲　哲学式生活方式

如果我们的生活不应当支离破碎、消亡殆尽的话,那么它就必须寻找到某种秩序。日常生活必须以统摄作依托,履行工作、自我充实和重要时机应当建构得彼此相关,往昔值得深入再现。这样,即使是一贯不变地履行工作,生活也充满情趣,而这种情趣自觉地关联着某种意义。这样,我们仿佛生就具有某种世界意识和自我意识,立足于自己所属的历史,依靠追忆与忠实来拥有自己的生活。

这种秩序可以是人诞生于其中的尘世赋予个人的,可以是教会赋予个人的,教会塑造并渗透人从生到死的种种重要行动与微末的日常。个人自发地赢得自己在周围环境中的日常所见与当下所见。而支离破碎的世界则不同,在这样一个世界中,人越来越不相信流传下来的传统。这样一个世界只有表面上的秩序,没有象征与超越保存下来。它令人内心空泛,令人不满足,在给予人自由之时,听任人沉湎于欲望与无聊、恐惧与无谓的态度。这样,个人完全听凭自己。在哲学式生活方式中,人则试图依靠自己的力量有所建树,而这是周围环境再也无法带给人的。

过哲学式生活的意志出自于人不得不顺应的晦暗不明状态,出自于人因缺乏爱而形同一片空虚时的自我迷失状态,出自于人因欲望而形消神损时的自我遗忘状态。此时,人忽然间觉醒过来,愕然地问自己:我是什么人?我都错失了什么?我应当做什么?

技术世界加剧了这种自我遗忘的情况。钟表安排着人的时间,耗时或无所事事的工作把人分割开来,使得人越来越感受不到自己是人,以至于发展到一种极端情况,即让人感觉自己是机器部件,可以被替换着安装到这个地方或那个地方,闲来无事时便什么也不是,无法自行安排自己。当人刚要把握自己时,这一庞大的世界重又将人纳入空泛的劳动与空洞的自由娱乐这一吞噬一切的机器中。

自我遗忘的倾向一向存在于人身上。人需要脱身出来,以免迷失于世界、习惯、不经思考的理所当然之事、固定的生活轨迹之中。

哲学思辨就是意识自身的起源、回归自身、在内在行动中尽力自救的决断。

虽然在此之在首先可以把握的,是履行事务性工作,遵从日常要求,但这并不令人满足。毋宁说,一味的工作、合乎目的的认识正可体会为自我遗忘、若有所失、有所愧疚之路。这就是过哲学式生活的意志的由来。这样,人就会认真看待与他人打交道的经验,认真看待自己承受的幸运与伤害、成功之处与失误之处、晦暗不明与杂乱无章的情况。不要遗忘，而要在内心有所吸收；不要回避，而要在内心持之以恒；不要得过且过，而要自我澄明，这就是哲学式生活方式。

这种生活方式有两条路可走：要么孤寂地通过任何一种意识方式进行沉思，要么通过与他人采取任何一种方式的相互理解，在共同行动、共同倾诉、共同沉默中进行交往。

我们人需要每日里沉思的时刻。我们确定自身，以免对起源的意识完全消失在不可避免地支离破碎的日常中。

宗教借助于礼拜与祈祷所做的，在哲学上类似于做深刻表述，以及在内心返归存在本身。而这必定出现在这样的时日与瞬间中，即我们在世间不是为尘世的目的而忙忙碌碌，但我们又不是无所事事，而是在触及实质之物，无论这是在一天的初始、一天的终结、还是在这之间的瞬间。

哲学的沉思性区别于礼拜，它没有神圣的客体，没有神圣的场所，没有固定的形式。我们为做哲学思辨而给自己制定的规矩，并不能成为规则，而保持着自由活动的可能性。这种沉思区别于集体式礼拜，它是个人独自的事情。

那么，这种沉思有可能具有哪些内容呢？

首先是自我反思。我追忆自己日间的所做、所思、所感，检查自己做错了什么，面对自己是否有不真实之处，自己是否要逃避什么，自己是否有不正直之处。我看到自己如何肯定自己，是否想取得进步。我意识到自己在对自己进行检查，自己又是如何整日里自我检查的。我进行自我评判——就自己的个别行动而言，而非就自己无法达到的那种自我的整体性而言——。我寻找到自己意在以之为准绳的各种基本原则，或许还审视自己在震怒时、绝望时、无聊时以及在其他自我迷失的情况下要说出的话，同样审视自己用来提醒自己的各种咒语（如：要有节制，要考虑别人，要忍耐，上帝存在）。我学习从毕达哥拉斯门徒经斯多葛派与基督徒到克尔凯郭尔与尼采这一条承传，学习他们对自我反思的要求、开放自我的经验及其制造幻想的无限能力。

第二是超越性意识。我依据哲学思想进程的线索来确定本原性存在、确定神性。我借助诗歌与艺术来解读存在的种种密码，凭借哲学意识来理解它们。我尝试明确不依赖于时间之物，或曰在时间中永恒之物，尝试触及自身自由的起源，借此触及存在本身，探究我们对创世似有了解到底有何根据。

第三，我们意识到眼下应做之事。如若我因不可避免地专注于合目的性思维而错失了统摄的意义，那么追忆自己在人类共同体中的生活，就为自己揭示眼下的使命直至日常琐事提供了背景。

无论我在沉思中单单为自己赢得了什么，如果这似乎就是一切的话，那么这就如同什么也没有赢得。

凡在交往中未予实现的，只是尚未实现罢了。凡无法最终在交往中找到根据的，都是没有充分根据的。这里的真相有所不同。

因此，哲学的要求是：始终寻求交往，无所顾及地勇于交往，付出自己执拗且一再花样翻新的对自身的见解，在这样一种希望中生活,即自己会因付出而得到意想不到的回赠。

因此,我必定始终对自己抱怀疑态度,不能信心满满,不能依靠自己身上某个所谓的稳固支点而令人信服地澄明自身,真实地判断自我。这种自我确定性是对自我的虚妄见解所具有的最诱惑人的形式。

如果我以三种形态——自我反思、超越意识、对自身使命的意识——做沉思,并毫无保留地面向交往,就会出乎意料地意识到自己求之不得之物,即对自己的爱的澄明、神性隐秘而始终不明确的要求、存在的启示。或许,我还会由此在自己始终不安宁的生活中寻找到安宁;虽然经历重大不幸,但仍对万物之根据充满信心;在激情起伏时,坚定不移地做出抉择;在这充满瞬间诱惑的尘世做到忠诚可靠。

如果我意识到统摄,依靠统摄而生活,并能生活得更好,那么这种意识就如同一种基本心境,充实我事务众多、且被卷入技术性机制的时日。这就是这样一种瞬间的意义,我形同从中返归自身,获得一种基本态度,在日常情绪与活动背后保留着对这种基本态度的意识,关联着这种基本态度,在自己离经叛道、迷茫无助、情绪波动时不至于完全丧失根基。依靠这种态度,对当下的意识、对往昔的追忆、对未来的瞻望才联成一体,并持久存在下去。

这样,哲学思辨等同于学习生活与承受死亡。由于在时间中的在此之在是不明确的,在此之在就始终是一种尝试。

这种尝试取决于人勇于深入生活,承担而非遮掩非同寻常之事,无比诚实地去做洞察、质疑与回复。这样,人才走上自己的路,而不是从整体上于触手可及之处去了解本原之物,不是靠虚假的推论与骗人的经验,管中窥豹地发现那只有客观地从世间出发才可直接瞥见的超越,不是去倾听简单明了、直接触及我们的神的圣言,而是去倾听万物总是多义性的语言这些密码,并生活在对超越的确定之中。

这样,在这成问题的在此之在中,生命才是完善的,世间才是美好的,在此之在才是充实的。

如果说哲学思辨就是学习死亡,那么这种对死亡的承受恰恰是过正当生活的前提条件。学习生活与承受死亡原本就是一回事。

沉思教给人以思想的力量。

思维标志着人的存在的开端。在正确认识对象时,我体会到理性的力量。在算数运算、关于自然的经验知识中,在技术性规划中,也是一样。方法越是纯粹,则推论中的逻辑强制力、对因果关系的认识、经验的随手可及性便越强。

但是,哲学思辨肇始于这些知性知识的临界状态。涉及至关重要的问题——设置目标与最终目的、认识至善、认识上帝与人的自由——,理性却无能为力,因而唤醒了这样一种思维,它虽然借助于知性手段,却远远超出知性之外。因此,哲学思辨突进到知性知识的临界状态,才激发起自身。

谁以为洞悉了一切,就不再是做哲学思辨了。谁以为借助科学可以认识存在本身以及存在整体,就陷入对科学的迷信。谁不再惊讶,便不再追问。谁觉得再没有什么秘密,就不再做探询。哲学思辨在知识之可能性的临界状态保持一种根本性的谦虚态度,懂得向在知识的临界状态不可知地有所显现之物充分敞开自身。

在临界状态,认识虽然停顿下来,但思维并未停顿下来。借助于自己的知识,我可以利用技术来采取外在的行动。而在无知当中,我有可能改变自我,从而采取内在的行动。这里显示出一种不同的、但更为深刻的思想力量。这种思想再不会脱离对象,而是我最为内在的实质的进程,在这一进程中,思维与存在合二为一。与外在的技术力量相比,这种作为内在行动的思维仿佛形同虚设,不可当作我的知识来应用,不可依照意图和设计来塑造,但它合真正的澄明与本质性生成于一身。

知性(理智)是个巨大的延伸物,它将对象固定下来,绷紧了存在物之间的紧张关系,同时对一切不可为知性所把握之物听之任之,任其变得既有力又明确。知性的明确性造成其界限的明确性,唤醒了人真正的冲动。这种冲动合思维与行动、内在行动与外在行动于一身。

人们要求哲学家说,他应当按照自己的理论来生活。这一要求表达得词不达意,因为哲学家没有什么规章守则意义上的理论,可以将实际生活中的个别事例归属于其下,就像将事物归入可予以经验性识别的类别中,或将事实情况归入法律规定下一样。哲学思想不可应用,毋宁说它就是现实。人们可以这样来谈论这种现实:人本身生活在对这些思想的践行中。或者说:生活浸透着思想。因此,人的存在同哲学思辨密不可分(不同于人与其科学认识的可分离性),而且不能仅仅致思一种哲学思想,而有必要同时怀着这种思想去意识致思这一思想的人的哲学式存在。

哲学式生活常常面临落入本末倒置局面的危险,哲学命题会被用来为此做合理性论证,在此之在的意志所提出的要求会借助阐明生存的形式来自我掩饰:

安宁会变成惰性,信任会变成对万物和谐的虚幻信仰,承受死亡会变成遁世,理性会变成听之任之的无谓态度。最好的会转变成最坏的。

交往的意愿会被错当成矛盾百出的各种掩饰:人们想得到体谅,却指望通过自我澄明获得绝对的自我确定性。人们为自己神经脆弱之故而渴望得到原谅,却要求他人承认自己什么事也没有。人们小心翼翼、沉默寡言、暗存戒心,却毫无顾及地奢谈自己意愿交往。人们想的是自己,却说自己在就事论事。

哲学式生活要洞穿与克服这种本末倒置的情况,它清楚自身的不确定性,因而始终寻求批评、寻找对手、渴望接受质疑,愿意倾听。而这并不是为了自贬身份,而是为了在自我澄明中获得推动力。如果交往彻底开放且无所顾及的话,这种生活会与他人和谐一致,从而寻找到真理与不期而遇的印证。

即使哲学思辨出于对交往的一腔信任而勇于交往,也不得不对充分交往的不明确性听之任之。人们可以信任交往,但并不了解交往。如若人们自以为拥有交往,就错失了交往。

有些可怖的限界,哲学思辨从未当作最终定局予以承认。这就是:听任人沉迷于自我遗忘,认可与承认有不可澄明之物。噢,我们谈得是如此之多,而关键问题极其简单。它虽然不可概括为一条普遍性定理，却可为某种具体情境的标志所切中。

只要出现了本末倒置、一团乱麻、剪不断理还乱的情况，现代人就求救于神经病医生。事实上，有些身体上的疾病与神经官能症与我们心灵的状态紧密相联。理解这一点，认清这一点，解决这一点，才算现实的态度。医生的人工手段固然不应回避，因为医生基于对危难的经验，的确懂得并擅长一些事情。但如今，在心理治疗基础上产生出来的，不再是基于医学科学的医疗性问题，而是哲学式问题。因此，它需要伦理式与形而上学式检验，就像任何哲学式努力都需要伦理式与形而上学式检验一样。

哲学式生活的目标不可描述为一种可以达到并加以完善的状态。我们的诸种状态都不过是我们的生存不断努力或努力失败的现象。我们的本质是在生成之中的，我们要持之以恒地坚持下去。而这只有在对立关系中才是可能的：

只有完全置身我们的历史性所经历的时间中，我们才能在生存中体验到永恒的现在。

只有作为这种形态中的特定的人，我们才会明确人的存在。

只有当我们将自己的时代体会为我们那无所不包的现实性时，我们才能在历史的唯一性中体会到这一时代，并在这一历史中体会到永恒。

在升华中，我们接触到在我们的现状背后变得澄明起来的起源，但始终面临着晦暗不明的危险。

这种哲学式生活的升华是过哲学式生活的人的升华。升华必须在交往中逐项实现，而交往是不排斥他人的。

我们只能在自己生活的历史性、具体性选择中赢得这种升华，而不能靠选择由各种命题表述出来的所谓的世界观来赢得升华。

最后，时代的哲学境遇可用类比来得以描述：

哲学家在陆地的稳固土地上——依靠实际经验、个别学科、范畴学说与方法论——确定方向，并在这片陆地的边缘处游历了理念世界的宁静旅程之后，如同蝴蝶一般在海滨翩翩起舞，溅起点点浪花，望见他想乘坐进行探险旅行的船只，要来研究唯一性这一他在自身的生存中所意识到的超越。他窥测这只船——做哲学思辨与过哲学式生活的方法——，这只可望而不可及的船。他就这样竭力注视着，或许陷入最为神奇的心醉神迷。

我们就是这样的蝴蝶，如果我们脱离陆地上的方向，就会迷路。但我们不满足于待在陆地上。因此，对于安坐于稳固的陆地、心满意足的人来说，我们的翩翩飞翔是如此不安全，或许还是如此可笑。只有感到不安宁的人，才会理解我们。对于这样的人来说，世界只是振翅飞翔的出发地，一切均取决于这种飞翔，每个人都必须自行飞翔，并勇于结伴飞翔，而振翅飞翔永远不会成为真正的理论的对象。

第十二讲　哲学的历史

　　哲学同宗教一样古老，比所有教会都更为古老。哲学由于其体现在个人身上的成熟性与纯洁性，由于其精神所具有的真理性，即使不是总是，也大多是胜教会世界一筹，虽然哲学肯定宗教具有不同的真理性。但是，相对于宗教来说，哲学因缺乏自身的社会形象而显得苍白无力。哲学依靠尘世的强权偶然给予的庇护——包括教会的庇护——而存在。哲学需要走运的社会境遇，才能客观地反映在著述当中。只要有人存在，哲学真正的现实性就是随时向每个人开放着的；哲学采用任何一种形态，都可为所有的人认识。

　　教会是大家的，哲学是个人的。教会是大众在尘世可见的权力组织，哲学表露了各个民族与时代的精英的王国。它们无需或封闭、或开放的尘世机制，就可彼此联系起来。

　　只要教会关联永恒者，它的外在权力就同时从灵魂的内心得到充实。它越是用永恒之物为其在尘世的强权服务,这种强权就会像任何其他强权一样变恶,因而越是显得可怕。

只要哲学涉及永恒真理,就可无须强权而鼓舞人,从人的心灵最深的起源处给心灵带来秩序。可是,哲学越是用自身的真理来为尘世的强权服务,就越是诱使人靠生活利益来自我欺骗,诱使心灵迷茫无序。哲学越是想仅仅充当科学而已,就越是空泛得形同既非科学、亦非哲学的儿戏。

没有人自然而然地就拥有独立的哲学,没有人天生就享有哲学。哲学要靠人不断地重新获得。只有出于自身的起源而瞥见哲学的人,才可以把握哲学。轻描淡写地对哲学瞟过第一眼,就会激发人。而被哲学激发起来后,人就会研究哲学。

这种情况表现为三个方面:从实践上说,它表现为每天的内在行动;从事实上说,它表现为由学习科学、范畴、方法、系统性而来的对种种内容的体会;从历史上说,它来自于对哲学传统的吸收。在教会中起权威作用的,对于做哲学研究的人来说,就是出自哲学的历史向人有所诉说那种现实性。

如果我们出于对自己眼下的哲学思辨的兴趣,看一看哲学的历史,那么我们的视野再广阔也不为过。

哲学的表现千差万别、层出不穷。人们设想,《奥义书》的作者置身印度的村庄与森林,要么远离尘嚣、离群索居,要么就是师徒一起生活得亲密无间。考底利耶建立了一个王国,思不出臣子之位。孔夫子想为自己的人民恢复教化与真正的政治现实性,做为人师表之思。柏拉图是个贵族,觉得由于自己的城邦道德堕落,自

111

己不可能在城邦从事自己因出身之故注定从事的政治活动。布鲁诺、笛卡尔、斯宾诺莎是些独立的人,他们要靠孤寂的沉思为自己揭示真理。安瑟尔谟参与缔造了教会与贵族联合的现实,托马斯是教会的一员,库萨的尼古拉是红衣主教,他们的教会生活与哲学生活合二为一。马基雅弗利是狡猾的政客,康德、黑格尔、谢林是教授,他们的教学活动内容相关。

我们必须摆脱这样一种观念,即哲学思辨本身实质上是教授们的事情。而看起来,在一切条件下与环境中,这都是人的事业,既是奴隶的事业,也是主人的事业。我们只有在尘世中才会理解真实的历史现象,因为历史现象形成于世间。我们只有在致思历史现象的人的命运中才能理解历史现象。如果说这些现象对我们来说既遥远又陌生,那么它们正是因此才相对于我们而澄明起来的。我们必须在活生生的现实性中探询哲学思想与思想家。真实之物充盈自足,不会消失在抽象性的真空中。

当我们联系着一部作品问世的世界来深入研究这部作品,并尽可能贴近这一世界时,我们就会接触到哲学的历史。

我们从这一世界中寻找将哲学思辨的历史整体分段呈现出来的各种视角,这些视角虽然是有问题的,却是我们在广阔空间中确定方向的线索。

两千五百年的哲学史整体就如同人的自我意识的一个唯一而宏大的瞬间。这一瞬间同时展现为无休止的辩论、相互矛盾的力量、似乎是解不开的问题、了不起的成就与各种曲折、深刻的真理与错误的迷乱。

第十二讲 哲学的历史

我们借助于哲学史的知识寻求一种框架性图式,在此框架性图式中,各种哲学思想都有其历史地位。只有哲学的世界史才展示出,哲学是如何在不同的社会、政治条件与个人境遇中历史性地展现出来的。

在中国、印度和西方,都有思想独立发展的过程。这三个世界除了偶有联系外,直到耶稣诞生前后的时代,都彼此完全分离,以至于每个世界都要独自得以实质性理解。后来,在印度产生的佛教给中国以极其强烈的影响,如同基督教对西方的影响一样大。

这三个世界的发展都经历了类似的曲折。继一段在历史上很难澄清的史前史之后,各地的基本思想都形成于轴心时代(公元前800—公元前200年)。继之而来的,是各种重要的救赎性宗教的分化与统一,还有反复出现的各种革新改良,概括性的、系统性地制订出的体系(经院哲学),尤其是在精密的形而上学意义上发展到极至的逻辑性思辨。

对这三重历史发展做同步性类型划分,其在西方的特点在于,首先,出现在精神危机与思想发展中的革新运动更为强大;第二,表述思想的语言与民族多种多样;第三,科学发展别具一格。

西方哲学在历史上可划分为四个前后相继的时期:

第一是古希腊哲学。它从神话走向逻各斯,在致思存在、世界与人的整体时创造出西方的基本概念、范畴及其可能的基本立场。它给我们留下了朴素的类型学理论王国,我们必须吸收它来保有明确性。

第二是基督教—中世纪哲学。它从《圣经》中的宗教走向对这种宗教的思想理解,从启示走向神学。它不仅造就了保存遗产、教育后人的经院哲学,还造就了富有创造性的思想家们,尤其是保罗、奥古斯丁、路德,揭示出一个原本合宗教与哲学于一体的世界。我们要做的是,在这广阔的思想王国中将基督教的秘密活生生地接受下来。

第三是近代欧洲哲学。它同近代自然科学以及近代人针对任何权威的个人独立性相伴相生。开普勒与伽利略从一个方面、布鲁诺与斯宾诺莎从另一个方面代表全新的道路。它们为我们确定了真正的科学的意义——而这一意义从一开始就是本末倒置的——,并确定了个人心灵自由的意义。

第四是德国理念论哲学。从莱辛与康德到黑格尔与谢林,思想家们所走的道路在沉思的深度上或许超过了西方至此所致思的一切。他们无须以国家与社会的广阔现实作为背景,而是凭借个人隐密的在此之在,充实以历史与宇宙整体、富于思想的思辨艺术以及对人性内涵的洞见,无须现实世界就囊括世界地创作出伟大作品。我们要在这些作品中获取它们可能具有的深度与广度。没有这些作品,这种深度与广度便消失殆尽了。

直至17世纪乃至更久,西方的一切思想都受古希腊、《圣经》、奥古斯丁指引。这种情况自18世纪以来才逐渐停止下来。人们相信,可以无须历史而仅仅立足于自己的理性。随着传统思维丧失了其有效力量,有关哲学史的广博历史知识增加了,但还局限于最为狭小的圈子内。今天,由于有各种出版物与参考书供使用,人们能够较以往任何时候都更为轻而易举地了解所有传统性思维。

自20世纪以来,由于支离破碎的技术性知识与能力,由于对科学的迷信、虚妄的尘世目的、消极的无思无虑,那种经历上千年的基础愈发为人所遗忘了。

早在19世纪中期,就出现了传统之终结的意识,并出现了哲学还有可能怎样这一问题。近代哲学在西方国家取得了连贯性,德国的教授式哲学对这份伟大遗产做出历史性研究,却无法掩盖哲学历经千年的表现形式已然寿终正寝这一情况。

克尔凯郭尔与尼采是划时代的哲学家,是前所未有的典型人物,他们显然可以算作这个危机时代的产物。在精神上与他们远远保持距离的,还有马克思。马克思对群众的影响超过了所有人。

有一种极端性思想已然是可能的了,它质疑一切,为的是达到最深刻的起源。它动摇一切,为的是在这被技术时代彻底改变了的世界中洞见生存、绝对者、当下。

浏览完整的哲学史,就可以做出这类概述。这些概述都是表面化的,而人们想在整体上感受更为深刻的相互联系。例如,人们探求过下述问题:

第一是关于哲学史的统一性问题。这种统一性并非事实情况,而是理念。我们探求这种统一性,得到的却仅仅是局部的统一体。

我们可以看到,有个别问题得到了展开(如身心关系问题)。但是,历史上的事实情况仅在一定时间部分地符合某种在思想上一以贯之的建构。例如,哲学体系的前后顺序显示,德国哲学乃至全部哲学都是按照黑格尔如何看待它们建构起来的。但是,这种建构是强加于人的。它没有注意到,相对于黑格尔的思维,以往的哲学思辨中有哪些内容已然死去，因而对于黑格尔的思维而言，它们并不存在。这种建构所忽略的，在其他思想家看来恰恰是本质性的。任何将哲学史建构为某种由诸立场组成的意义连贯的序列的做法，都与历史上的事实情况不相符合。

所有统一性思想的建构性框架都被个别哲学家的天才思想冲破了。伟大的作品尽管在可经证实的思想关系上彼此有实际联系，但总是不可比拟的，相对于可以理喻的思想发展来说，它们总像奇迹一样。

关于哲学史之统一性的观念要表达的，是一种永恒的哲学。这种哲学是一种自我维系的生命，它历史性地创造了自身的机体与形象、外表与工具，但自身并不融入所有这些之中。

第二是有关哲学史之开端及其意义的问题。开端指的是在时间当中一度开始的思维，而起源则是随时奠定一切之基础的真实之物。

我们必须随时从思想的种种歧解与本末倒置的情况中返回起源。若非在通向真正追本溯源式哲学思辨的道路上，以各种流传下来的、内容丰富的文本为线索，来寻求这种起源，就会出现颠三倒四的情况，即以为可以在时间性的开端中寻找到起源。像最早的一批前苏格拉底哲学家、初始时期的基督教、初始时期的佛教教义就是这样。随时随刻都有必要的通向起源之路错误地采取了去发现开端之路这一形式。

我们尚可达成的各种开端虽然魅力无穷，但绝对的开端在事实上是无迹可寻的。凡对于我们的历史流传来说是开端的，都是某种相对的开端，它本身已然总是各种前提条件的结果。

因此，把握住流传下来的真实文本中现实的东西，就是人取得历史意识的一条基本原则。对历史的直观仅仅保证人们，可以深入留存之物中去。而去弥补已然失去的、去建构犹在此前之物、去填补空白，则纯属徒劳之举。

第三是有关哲学之发展与演进的问题。在哲学史上，可以看到有各种理论形态的次序，如看到从苏格拉底到柏拉图与亚里士多德之路，从康德到黑格尔之路，从洛克到休谟之路。但是，如果人们以为，后来的人都保存并超越了前人的真理，那么这种排列可就错了。即使是在这种相互联系的世代性序列中，新出现的思想也无法从以前的思想中得以理解。前人的精神实质常常遭到遗弃，或许从未得到过理解。

有一些持续时间不久的思想交流时代，个别思想家的话语就是对它们诉说的。像古希腊哲学、经院哲学、从1760年至1840年的"德国哲学运动"就是这样。这些是各种追本溯源式思想活跃地共存的时代。而在另一些时代，哲学只是作为教化现象持存着。另有些时代，哲学看上去几乎消失殆尽了。

视哲学的整体性发展为一个进步历程的看法是迷惑人的。哲学史类似于艺术史之处在于，其最伟大的作品都是无法替代的、唯一性的。哲学史类似于科学史之处在于，越来越多的范畴和方法成为其工具，得到了自觉的应用。哲学史类似于宗教史之处在于，一系列追本溯源式信念得到思想上的表述。

哲学史也有其富有创造性的时代。但哲学始终是人的本质特征。与其他精神史不同，在所谓的衰亡时期，会有一流的哲学家突然间脱颖而出。公元三世纪的柏罗丁、公元九世纪的司各特·爱留根纳都是形单影只的人物,是不可多得的顶尖人才。他们的思想素材与传统密切相关,或许他们所有的个别思想都不是独立的,但他们在总体上带来了某种全新的、伟大的基本思想指向。

因此,在哲学当中,永远不允许人就哲学的本质说:它已然寿终正寝了。在一切思想危机中,或许总有哲学作为个人的实际思想保留下来,说不定它也会留存在精神荒芜时代的罕见作品中。哲学同宗教一样,存在于任何时代。

因此,对于哲学史来说,发展与否也只是个无关紧要的看法,因为所有伟大的哲学都是自身完善的、完整的、独立的、不依赖历史上更为广阔的真理的。在科学所走的道路上,每一步都要被以后的所超过。而哲学就自身的意义而言,要在每个人身上达到完整性。因此,将哲学家贬低为某一条道路上的各个步骤,将其当作前在性阶段,是与哲学的意义相违背的。

第四是关于等级问题。在个别思想家身上,在典型的时代感中,哲学思辨会意识到某种等级。哲学史决不是无数同等作品与思想家齐同平均的陈列。有些思想关联,只有少数人才可达到。尤其是有些思想顶峰如同星辰之海中的恒星。但所有这些并不是说,存在着唯一的、对一切均最终有效的等级。

在某个时代,所有人的看法与这个时代创作的哲学著作的思想内容之间,有一段遥远的距离。所有人的理智都认定理所当然的,同样可以当作哲学表述出来,就像大哲学家的作品具有无限的可阐释性一样。满足于眼前世界的那种有限认识所具有的安宁、无限的渴望,还有在临界状态的探索性坚守,——所有这些都叫做哲学。

我们说哲学史类似于宗教传统的权威性。在做哲学思辨时，我们虽然没有宗教所拥有的那些正经，没有可轻易追随的权威，没有现成的最终真理，但历史上流传下来的全部哲学思辨是一笔无穷无尽的真理之储存，它指出了当今哲学思辨之路。历史传承就是以永无止境的希望洞察的那已经得以致思的真理的深度，就是少数伟大的作品的无法穷究性，就是满怀敬畏地接受下来的大思想家的现实性。

这种权威的实质在于，人们无法简单明了地顺从它。人的使命是，通过这种权威性明确自身，从而成为自身，借权威的起源来重新发现自身的起源。

只有从现今的哲学思辨的严肃性出发，才能在历史性现象中接触永恒的哲学。历史现象是将其同我们共有的现今深刻地联系起来的中介。

因此，历史性研究是分古今不同阶段来进行的。真正的哲学思辨者懂得，自己研究文本时，应当如何分别着手。凡浅显易懂的，要清清楚楚，牢牢掌握为可理解的知识。但是，历史性研究的意义及其高潮却在于认可起源的那些瞬间。此刻，赋予所有浅显易懂的研究以意义，同时将其统一起来的那种东西，才澄明清晰起来。没有哲学起源作中介，一切哲学的历史最终不过是一系列误解虚妄、奇思怪想的汇集。

当历史苏醒后，它就成为人自身的映现：我在这映现中看到自己所致思的。

哲学的历史是我在沉思中呼吸的空间，它以无以模仿的完善性为独立的探索展示出榜样。它通过自己的求索、自己的成功与失误来进行质询,通过个人所走道路的无条件性这一可见的人的存在来鼓舞人们。

将过去的哲学当作我们的哲学,这就如同将古老的艺术品再一次创造出来一样不可能。人们只能虚假地复制。我们并不像《圣经》的虔诚读者那样,拥有似乎可以让我们从中获得绝对真理的文本。因此,我们热爱古老的文本,正如我们热爱古老的艺术品一样。我们沉浸于这份文本或那份文本的真理之中,去把握它们。但总有遥远之物,既不可企及,又不可穷尽,却是我们始终伴随的。最终,那里有我们借以投身当下哲学思辨之物。

哲学思辨的意义在于当下。我们只拥有此时此刻这一种现实性。我们因回避而失之交臂的,永远不会再回来。可如若我们虚掷光阴,也会丧失存在。一日值千金,一瞬间顶一切。

如若我们走向往昔或未来,就会有负于自己的使命。只有通过当下的现实性,才能通达无时间性。只有把握住时间,我们才能达到一切时间均泯灭之处。

附　录

我的两部主要的大部头哲学著作是：

1.《哲学》(*Philosophie*)，施普林格出版社（Springer-Verlag）1932年首版，1956年第3版，出版地柏林、海德堡。

2.《论真理》(*Von der Wahrheit*)，皮普出版社（R. Piper & Co. Verlag）1947年首版，1958年第2版，出版地慕尼黑。

有一些较小部头的著述更为详尽地阐述了本电台讲演集的内容：

1.《哲学的信仰》(*Der Philosophische Glaube*)，皮普出版社1948年首版，1955年第4版，出版地慕尼黑，阿特米斯出版社（Artemis-Verlag）1948年版，出版地苏黎世。

2.《理性与生存》(*Vernunft und Existenz*)，皮普出版社1935年首版，1960年第4版，出版地慕尼黑。

下述著述可供理解我们时代的哲学：

1.《当代的精神处境》(*Die geistige Situation der Zeit*)，瓦尔特·德·德古意特出版社（Walter de Gruyter & Co.）1931年首版，1960年第9版，出版地柏林。

2.《论历史的起源与目标》(*Vom Ursprung und Ziel der Geschichte*)，皮普出版社1949年首版，1952年第3版，出版地慕尼黑，阿特米斯出版社1949年版，出版地苏黎世。

3.《原子弹与人类的未来》(*Die Atombombe und die Zukunft des*

Menschen），皮普出版社 1958 年首版，1960 年第 4 版，出版地慕尼黑。

为阐释各位哲学家，我写下了：

1.《笛卡尔与哲学》（*Descartes und die Philosophie*），瓦尔特·德·德古意特出版社 1937 年首版，1956 年第 3 版，出版地柏林。

2.《尼采哲学思想理解导论》（*Nietzsche，Einführung in das Verständnis seines Philosophierens*），瓦尔特·德·德古意特出版社 1936 年首版，1949 年第 4 版，出版地柏林。

3.《尼采与基督教》（*Nietzsche und das Christentum*），皮普出版社 1946 年首版，1952 年第 2 版，出版地慕尼黑。

4.《马克斯·韦伯——政治家、研究者、哲学家》（*Max Weber，Politiker，Forscher Philosoph*），皮普出版社 1932 年首版，1958 年第 4 版，出版地慕尼黑。

5.《大哲学家》（*Die großen Philosophen*），皮普出版社 1957 年首版，1959 年第 2 版，出版地慕尼黑。

关于哲学思辨如何能够表现在具体科学形态中，见我的著述：

1.《普通精神病理学》（*Allgemeine Psychopathologie*），施普林格出版社 1913 年首版，1959 年第 7 版，出版地柏林、海德堡。

2.《史特林堡与梵·高》（*Strindberg und van Gogh*），皮普出版社 1922 年首版，1951 年第 3 版，出版地慕尼黑。

如果哲学要关涉人之为人，它就要被广为理解。虽然哲学体系的艰深演绎不便传达，但一些基本思想应当可以简明扼要地传达出来。我想让哲学涉及每一个人之处变得切实可感一些，但我尝试这样做，并不是要省略实质之物，即使这样做起来，本身很艰难。只有深入浅出，并从哲学思维的种种可能性中截取出一小片段来，才是可行的。许多伟大的思想根本无法一带而过。我的目的是启发人们自己去做沉思。

对于在做哲学思辨时寻求思想线索的读者，我在下面要为他们做研究提供一个进一步引导的方向。

一、论哲学研究

哲学思辨围绕的，是可在现实生活中得以意识的无条件者、真实之物。每个人作为人都在做哲学思辨。

但在思想联系中，这一意义并非一蹴而就的。系统性的哲学思维要求有专业研究，这种研究包括三条途径：

第一，参与科学研究。这种研究的两条根脉存在于自然科学与语文学中，并分布于形态各异、令人眼花缭乱的诸门科学学科中。通过对科学与其方法及其批判性思维的体会，人就会赢得一种科学态度，这种科学态度是在哲学思辨中获取真实性所不可缺的前提条件。

第二，研究各位大哲学家。研究哲学，不能不经过研究哲学史之路。对个人来说，这就如同攀上重要的原创性作品这棵树干。但只有出自当下设身处地的追本溯源性启发、出自自己在做研究时觉醒过来的哲学意识，这种攀缘才会成功。

第三，在生活当中保持日常的细心认真，在关键性抉择中保持严肃热忱，承担自己的所作所为与所感所受。

谁错失了这三条道路中的任何一条，就做不到明确而真实的哲学思辨。因此，要以何种特定方式走上这条道路，就是每一个人的问题，尤其是每个青年人的问题，因为他仅能把握这些道路上一小部分自己所胜任的。问题在于：

我要像个行家一样刨根问底地尝试了解哪些特定的科学？

我不仅要阅读，而且要研究哪些大哲学家？我要如何生活？

每个人只能为自己寻求答案。这些答案不能被僵化为仅仅是特定的内容，不能凭着其特定内容就被当作是最终的答案，不能是浮光掠影式的答案。尤其是年轻人必须保持能够尝试的可能性，并保持做出尝试。

所以说，要果敢行动，但不可莽撞，而要做检查和修正。这并非偶然和随意之事，而是至关重要之事。至关重要之事形成于人们尽力尝试、发挥作用、有所建树之际。

二、论哲学阅读

我读书的时候，首先要理解作者的意思。可为了理解作者的意思，就不仅要理解语言，而且要理解事情本身。理解依赖于专业知识。

做哲学研究时，会出现一些重要的基本现象：

我们只有借助于理解文本，才能获得专业知识。因此，我们要致思事情本身，同时致思作者的意思。这两者缺乏其一，就使得阅读毫无成果。

我在研究文本时致思事情本身，就在理解当中产生出一种不由自主的变化。因此，深入事情本身，并回过头来明确理解作者的意思，这两者就是做恰当理解所必需的。在第一条道路上，我获得了哲学，在第二条道路上，我取得了历史性认识。

在阅读时，首先要有一种基本态度，即出于对作者的信任、出于对作者所叙述的事情的热忱,这有所筛选的阅读,就仿佛文本中所讲述的一切俱是真实的。只有当我沉浸于其中,入乎其内又出乎其外,才能做出有意义的批评。

我们在何种意义上研究哲学的历史、吸收以往的哲学,可以依据康德提出的要求来加以阐明:独立思考;设身处地在他人位置上思考;一以贯之地做思考。这些要求是无限的使命。任何先入为主的答复——就好像人们已然拥有答案或能够找出答案似的——都是欺骗人的。我们始终走在这条道路上。而在这条道路上,历史会有所裨益。

独立思考不是凭空而来的。我们独立致思的,必定会在事实中向我们显示出来。历史传承的权威唤醒了我们心目中信仰已久的起源,而这靠的是我们在历史上的哲学思辨之开端、之完善化中接触到的这些起源。所有进一步的研究均以这种信赖之情为先决条件。没有这种信赖之情,我们就不会费力研究柏拉图与康德。

独立的沉思形同攀缘上历史上的人物。在理解他们的文本时,我们自己就成了哲学家。但是,在充满信任地追随时有所吸收,不是遵从,而是在参与时检验我们自身的实质。"遵从"意味着对引导充满信任,信以为真。我们不应当随时随刻插入批评性反思,不应当因此而令自己接受引导的实际进程停滞不前。遵从还意味着一种敬重之情,它不允许人做廉价的批评,而仅许可人出自独立的全面工作,逐步接近事情本身,然后掌握事情本身。遵从的界限在于,只有能够在独立思考中成为自身信念的,才能够被承认为真实的。没有哪个哲学家,包括大哲学家,是占有真理。吾爱吾师,吾尤爱真理。

只有当我们不懈努力,设身处地想每个人所想,我们才能在独自的沉思中达到真理。人们必须认识到,人都具有哪些可能性。即使人们不接受他人的思想,但只有认真地努力想他人所想,才能扩充自己可能掌握的真理。只有当人勇于体谅他人时,才会有所认识。关注遥远与陌生之事、极端之事与例外之事,即非同寻常之事,才不会因忽略本原之物、因盲目无知、视而不见而错失真理。因此,哲学思辨者不仅要关注自己选中的哲学家、充分而毫无遗漏地研究这一属于自己的哲学家,而且还要关注广泛的哲学史,以便体会曾经出现、曾得以致思之物。

关注历史,令人的精力分散于形形色色、彼此无干之物。随时随刻做到一以贯之地思考,这一要求就是针对过久地观看花花世界、因而沉迷于好奇与享受观看这样一种迷误而发的。凡从历史上接受下来的,应当成为一种激励,引起我们注意,并唤醒我们,或令我们提出质疑,而不是漠不关心地随它们一一过去。凡在历史上并未取得实际联系、未获得相互交流的,我们都应当拿来比较切磋,在彼此最不相关之物之间建立相互联系。

这一切的联系来自于,思维着的我将它们统统接受下来。一以贯之意味着保持独立思考,即将相互分离、彼此独立、毫无关联之物统统同某一唯一者关联起来。富有意义地得到吸收的广博历史就成为一个哪怕是始终开放着的统一体。哲学史的统一性观念在现实中一再失败,却激励着我们去有所吸取。

三、对哲学史的陈述

陈述哲学的历史,有多种目的:

收集全部历史遗留,简明地陈列现存的文本、哲学家的生平资料、社会现实、思想传播的实际性联系、各种讨论、其有据可依的演绎或曰有步骤的发展,进而介绍性地再现作品的内容,整理其起到作用的动机、系统、方法。

然后描述个别哲学家及其完整时代的精神或曰原则,最终概括完整的历史,乃至哲学完整的世界历史。

陈述哲学史,既需要人有哲学见解,又需要人亲身参与哲学思辨。最真实的历史性概括必定同时是人亲身的哲学思辨。

黑格尔是最早对此有所意识、并以哲学的方式广博地吸收了全部哲学史的哲学家。他写的哲学史在此意义上是迄今为止的伟大成就。但这部哲学史也是一套方法,由于黑格尔自己的原则,它在见解深刻的同时,也是窒息人的。全部以往的哲学都是在黑格尔的光芒映照之下,就像在探照灯的映照之下一样,起到暂时的作用。随后,人们必定突然发现,黑格尔的思维形同取下了以往全部哲学的心脏,然后将残余的当作尸体掩埋进历史,即掩埋进历史的广漠墓地。黑格尔了结了以往的一切,因为他相信可以忽略这一切。他的理解性探究不是不偏不倚的启发,而是毁灭性的手术;不是不断的质疑,而是征服性的掠夺;不是共在,而是统治。

因此,有必要提醒人们,要不断相互参照地阅读多种对历史的陈述,以便从一开始就避免将一种观点当作所谓的理所当然的观点。如果只阅读一种陈述,那么它的模式会强人所难。

另外还要提醒人们,如果不是至少有所筛选地阅读所陈之物的原始文本,那么就不要阅读任何陈述。

最后,要将各种哲学史——尤其是于柏维克的哲学史——当作文献指南式工具书来使用。而专业辞典就是用来查阅的。

大部头辞典：

路德维希·诺阿克：《哲学历史—传记辞典》(Historisch-biographisches Handwörterbuch der Philosophie)，1879 年莱比锡版。

鲁道夫·埃斯勒：《哲学辞典》(Handwörterbuch der Philosophie)，1913 年柏林版。

维尔纳·茨根福斯：《哲学辞典》(Philosophenlexikon)，1949 年柏林版。

安德雷·拉兰特：《哲学专业与考据辞典》(Vocabulaire technique et critique de la philosophie)，1928 年巴黎版。

小部头辞典：

吉希纳：《哲学基本概念辞典》(Wörterbuch der philosophischen Grundbegriffe)，米歇埃利斯修订，1907 年莱比锡版(约翰尼斯·霍夫麦斯特重新修订与改编，1944 年莱比锡版)。

海因里希·施密特：《哲学辞典》(Philosophisches Wörterbuch)，1934 年莱比锡第 9 版(克洛纳袖珍版)。

瓦尔特·布鲁格：《哲学辞典》(Philosophisches Wörterbuch)，1947 年弗莱堡版。

埃尔文·梅茨克：《哲学手册》(Handlexikon der Philosophie)，1948 年海德堡版。

达戈柏特·鲁纳斯：《哲学辞典》(The Dictionary of Philosophy)，1942 年纽约第 4 版。

我在下文——无论是就历史学家而言，还是就文本而言——仅给出名录。至于各个作品的版本、译文、注释、书名和内容，有文献资料可资利用：除了词典之外，主要是于柏维克和福兰德的作品。

哲学史陈述的名录

1. 西方哲学

于柏维克：持久使用的工具书。

福兰德：给初学者的资料。

埃德曼：对黑格尔学派建构的基本线索所做的逐项客观而出色的分析。

文德尔班：19世纪末风格的缺乏深度的出色概览。

蔡勒：材料充实、清晰易懂而非哲学式的希腊哲学。

吉尔松：首屈一指的中世纪哲学现代历史学家。

2. 印度和中国

印度

多伊森：附有多重译自印度文本的译文，具有首创性但局限于叔本华哲学的恢弘巨制。

史陶斯：简洁、概览式资料。

中国

福尔克：陈述诸多迄今为止不为西方所知的内容的介绍性恢弘巨制。

哈克曼：客观冷静但表面化的作品。

卫礼贤：充满热忱的作品。

曾克：风趣而智慧的短篇作品。

四、文本

西方哲学的全部现有文本，其版本、注释和译文均可在于柏维克的作品中找到。福兰德做出过较为简洁、可资使用的筛选。

为独立研究之用，人们会筹备一些真正具有实质性的文本的有限藏书。这样一些藏书的书目因人而异，其核心却近乎是普遍有效的。但即使是核心，也会重点不同，以至于普遍有效的重点是根本不存在的。

最好首先选择一位重要哲学家。当然，希望这位哲学家是大哲学家之一。但是，人们也有可能首先碰上一位二流或三流哲学家，对他印象至深，在他那里登堂入室。仔细研究起来，每一位哲学家都会一步步地将人引入全部哲学，引入全部哲学史。

就古代而言，主要文本的名录取决于，有什么保存下来了，尤其取决于少数保存下来的全集。就近几个世纪而言，文本数量蔚然大观，以至于选择少数不可回避的，在此反倒成了难题了。

名录 1

西方哲学

古代哲学

前苏格拉底片段（公元前 600—公元前 400 年）

柏拉图（公元前 428—公元前 348 年）

亚里士多德（公元前 384—公元前 322 年）

古代斯多葛派片段（公元前 300—公元前 200 年），包括塞涅卡（公元 65 年去世）、爱比克泰德（约公元 50—138 年）、马克·奥勒留（执政于公元 161—180 年）。伊壁鸠鲁片段（公元前 342—公元前 271 年），包括卢克莱修（公元前 96—公元前 55 年）。怀疑派，包括赛克斯都·恩披里克(公元 150 年前后)。西塞罗(公元前 106—公元前 43 年),普罗塔克(约公元 45—125 年)。

柏罗丁(公元 203—270 年)

波爱修(公元 480—525 年)

基督教哲学

教父哲学:奥古斯丁(公元 354—430 年)

中世纪:约翰内斯·司各特·爱留根纳(公元 9 世纪),安瑟尔谟(公元 1033—1109 年),阿伯拉尔(公元 1079—1142 年),托马斯(公元 1225—1274 年),邓斯·司各脱(1308 年去世),埃克哈特大师(公元 1260—1327 年),奥卡姆(公元 1300—1350 年),库萨的尼古拉(公元 1401—1464 年),路德(公元 1483—1546 年),加尔文(公元 1509—1564 年)。

近代哲学

16 世纪:马基雅弗利,莫尔,帕拉塞尔苏斯,蒙田,布鲁诺,柏墨、培根

17 世纪:笛卡尔,霍布斯,斯宾诺莎,莱布尼茨,帕斯卡

18 世纪:

英国启蒙运动:洛克,休谟

法国与英国伦理学家

  17 世纪:拉罗什福科,拉布吕耶尔

  18 世纪:沙夫茨伯里,沃弗纳格,尚福尔

德国哲学:康德,费希特,黑格尔,谢林

19 世纪:

  德国 19 世纪教授哲学,如小费希特,洛采

>原创性哲学家：克尔凯郭尔，尼采
>
>作为哲学之地的现代科学：
>
>>政治哲学与经济哲学：托克维尔，洛伦茨·冯·施坦因，马克思
>>
>>历史哲学：兰克，布克哈特，马克斯·韦伯
>>
>>自然哲学：贝尔，达尔文
>>
>>心理学哲学：费希纳，弗洛伊德

为初步描述起见，我冒昧做出一系列非常不充分的评注。我绝对无意据此对任何一位哲学家予以归类或盖棺定论，尽管这些语句免不了看起来似乎如此。我请求将我的语句当作问题来看待，它们应当只是来引起人们注意的。谁还未做到有所了解，或许应当注意，出于自己的倾向，应当首先把握哪些。

论古代哲学

前苏格拉底哲学家的独特魅力在于"始基"。"始基"是很难对应于事物来理解的。人们必须努力去忽略一切"哲学训练"。在通常的思维方式与言谈方式中，这种训练掩盖了"始基"所带有的直接性。在前苏格拉底哲学家那里，思想来源于对存在之追本溯源式体验的直观。在他们那里，我们仿佛第一次见到思想的光芒。各个伟大思想家的作品都贯穿着某种统一性风格，这种风格是他们独有的，令人无法再现出来。由于只有著作残篇流传下来，所以几乎任何一位解释者都会马上陷入穿凿附会的情况。这里尚是一团迷雾。

柏拉图、亚里士多德、柏罗丁的著作可视为古希腊哲学中唯一相对完整地保存下来的。这三个人对于研究古代哲学具有首要意义。

柏拉图教人以对永恒哲学的基本体验。他的思想活动含括了

以往古希腊哲学的全部财富。他置身自身时代濒临翻天覆地的边缘，最为独立而坦诚地认识到可思之物，将自己的思想活动最为明快地表达出来，使得哲学思辨的秘密既成为一种语言，又始终保持可为人所意识。在他那里，所有的素材都消融了，超越的进程才是唯一的实质。柏拉图达到了思想的顶峰，看起来无法为人们在思维中所超越。直至今天，他还在给予哲学思辨以最为深刻的推动力。他总是遭到误解，因为他未示人以可加学习的学说，而是让人不得不一再重新掌握。研究柏拉图，就如同研究康德一样，人们不是在学习固定不变的东西，而是在做亲身的哲学思辨。后来的思想家如何，就表现为他如何理解柏拉图。

人们从亚里士多德那里学习到的，是他创立的、影响了全体西方思想的诸种范畴。他确定了哲学的语言（术语），无论人们是赞同他、反对他，还是人们的思想已经克服了这一哲学思辨的完整层面。

柏罗丁将流传下来的全部古希腊哲学当作手段来运用，以表述出一种绝妙的形而上学。它的情态独具一格，自此作为真正的形而上学历经各个时代。它那种音乐般的思辨传达出一种神秘的安宁，始终无法被超越，并自从此刻的形而上学思想起，总是以任何一种方式一再得到反响。

斯多葛派、伊壁鸠鲁派、怀疑派，包括柏拉图学派与亚里士多德学派（新学园派与逍遥学派）创造出一种古代晚期有教养阶层的普遍性哲学。西塞罗与普罗塔克也是为这些阶层写作的。尽管有各种合理的立场彼此对立的情况，有不断的相互争执，他们拥有的，是一个共同的世界。多方分享这一世界，虽然造就了折中派，但也造就了这一古典世纪有特定局限的基本态度，造就了人的尊严，造就了在实质问题上一味循环往复的连贯性，造就了特定的既成局面和毫无成就的情况，但也造就了可普遍理解之物。此时奠定了至今依然流行的平庸哲学的基础。最后一位颇有魅力的人物是波爱修，他的《哲学的慰藉》因其情调、优美性和纯正性而成为哲学思辨者的基础性书籍。

哲学共同体体现在教养、理解力、言谈方式与举止上，其各个阶层依次是中世纪的神职人员、文艺复兴时期的人文主义者。而从里加到苏黎士，从荷兰到维也纳，在1770年到1850年间的知识界当中，德国哲学那种思辨的、理想的氛围则稍薄弱一些。研究这些阶层，在文化史与社会学上均饶有意味。重要的是，要认识到，在重大哲学创造与普遍化的思维形式之间，是有一段距离的。人文主义尤其重要，因为它的兴起不在于伟大的哲学，而在于承传与吸收的精神态度、理解的无拘无束态度以及人性自由的态度。没有这种态度，我们西方的生活就是不可能的。自从古希腊自觉地采用其教育和训练体系、罗马人自西庇阿时代起在希腊的影响下首次实现人文主义以来，人文主义（它在文艺复兴时期只是为人所意识而已，它在皮科、伊拉斯谟、马西里乌斯·斐奇诺身上的体现至今为人们所赞叹）经历了所有时代。在我们的时代，人文主义没落了。如果人文主义消失了，其后果将是人在精神上不可预见的灾难。

论基督教哲学

教父当中的佼佼者是奥古斯丁。研究他的著作，人们就会了解全部基督教哲学。他的哲学有大量令人难以忘怀的表述，将他的内心流露出来，而古希腊哲学尚缺乏这种高度的反思性与激情。这一渊博得难以衡量的著述一再旧话重提，有时在修辞上气势博大,从总体上说或许缺乏美感,在局部之处却简明得尽善尽美,充满深刻真理的力量。从他与其他人辩论时的摘引与评论中,人们就可了解他的对手。他的著作是至今的一切思想都在汲取的井水,人们都在寻求它的深邃灵魂。

司各特·爱留根纳借助新柏拉图主义的范畴——并对诸范畴做了辩证自如的演绎——设计出神、世界与人的存在这一大厦。他带来了一种自觉地坦诚面向世界的新气氛。他学识渊博,谙熟古希腊语言。他是阿雷奥帕古斯的狄奥尼修斯的作品的译者,利用流传下来的概念作素材,创造出自己大气磅礴而风格独到的体系。他洞见神性自然,成为某种思辨神秘主义的又一名奠基者,直至今天仍有其影响。在哲学荒芜的时代,他是个形单影只的人。他的著作是训练人从笃信哲学的生活观出发,在追忆中吸收优秀遗产的教材。

中世纪的方法论思维首先在安瑟尔谟身上表现得尤为独到。在他的逻辑与法律思想冷竣的形式中,那种对形而上学之物的直接性思想表露引人入胜。他的思想进程所具有的那种所谓的约束力与独特的教条式话语,令人感到遥远与陌生。但是,只要我们从人性的普遍性去认识他,就像认识巴门尼德一样,而不是从其基督教教义的历史性形态中去认识他,他所流露出来的思想内容就是长青的,并且值得信赖。

阿伯拉尔教人以反思的力量、逻辑上可行的途径、辩证矛盾的方法,作为阐述问题的渠道。他因追问相互矛盾事物的对立性到了极至而成为经院哲学方法的奠基人。这种方法在托马斯那里达到了顶峰,但同时也带来了令以前的幼稚的基督教的实质解体这一危险。

托马斯营建了庞大的、在天主教界至今作用卓著的、近乎权威性的体系。在这一体系中,自然王国与恩典王国、理性可以把握的与需要信仰而无法理喻的、尘世的与教会的、相互抵触的异端观点与真理的因素统一成为一体,并展示开来,人们可以不无理由地将它们比喻为中世纪的各座巍峨教堂。托马斯将中世纪的思想所创造出的一切统一起来。在他看来,这些都是为整理素材和有步骤地吸取亚里士多德乃至艾尔伯图斯·麦格努斯所做的准备性工作。托马斯或许仅仅凭着自身思维的明确、规范和简洁才超过了亚里士多德。这种中世纪哲学的完善现实,其基调与观点可以从但丁的《神曲》中看出来。

由于中世纪思想的完善建树似乎已近完成,所以邓斯·司各脱与奥卡姆初看上去是突破性的人物。邓斯·司各脱尚算是一个正统人物,他在人的意志与人作为此时此地的唯一性个体中发现了艰深的难题,因而引起轰动。奥卡姆令认识的基本立场蒙受一场灾难,并借此奠定了现代的同时是朴素的、在自身能力范围内应用面很广的认识。作为巴伐利亚国王路德维希的笔杆子,他在政治上推翻了教会的地位。他还像我们留存了其著作的那些中世纪思想家一样,是个虔诚的基督徒(仅仅靠他的反驳与摘引,大多数的无神论者、怀疑论者、虚无主义者才为人所知)。奥卡姆的著作至今仍没有现代版本,没有翻译成德文。在迄今对哲学史的编辑中,这或许是唯一一块重要空白。

库萨的尼古拉是我们遇到的第一位我们似乎很熟悉其氛围的中世纪哲学家。虽然说他的信仰完全属于中世纪,因为他相信教会的信仰连贯统一,对于天主教会正在并最终统辖尘世上各种信仰的民族这一点深信不疑,但他的哲学思辨毕竟不再像托马斯的那样,建树起一种唯一性体系,也不再运用经院哲学的方法——这种方法在逻辑上吸取了矛盾百出的传统——,而是径直面向事实本身,无论这是形而上学式的(超越的)事实,还是经验性的(内在的)事实。这样,他出于自己的直观,走上了方法独到的道路。这种直观面对的,是神奇的、在思辨中以全新的方式显示出来的上帝之存在。他视这种神性存在为尘世的一切现实。而且在他那里,思辨为经验认识铺平道路,而经验性认识像数学式认识一样,成为他直观上帝的手段。他持有一种包容一切、近乎热爱一切现实之物,同时超越这一切的思维。尘世并未被遗弃,而是在超越的映照下自身澄明起来。他所致思的形而上学至今仍是不可取代的。研究他,是从事哲学研究的人的幸福时光。

路德的情况不同,研究他是免不了的。他虽然是个轻视哲学的神学思想家,说理性是个婊子,但他本人阐述了生存的基本思想。没有这种思想,今天的哲学思辨几乎是不可能的。由于他那充满激情的严肃信仰与顺应外界的机智做法、深刻思想与敌意态度、启迪人的准确性与粗鲁漫骂俱混合在一起,使得研究他形同一种义务,也如同一种痛苦。这个人物散发出的气氛令人感到异样,它在哲学上是败坏性的。

加尔文具有严明而有条有理的形式、出色的最终结论、坚定的逻辑性,他恪守原则毫不含糊。但是,他在理论活动与实际行动中俱毫无感情、毫不宽容,是哲学思辨的可怖对立面。要是亲眼见过他的容貌就好了。这样的话,无论他怎样隐身于尘世、神龙现首不现尾,都可以把这个人物认出来。他将基督教的不宽容亲身体现得登峰造极。对此,除了针锋相对的不宽容之外,再没有别的办法。

论现代哲学

与古代哲学和中世纪哲学相比,现代哲学不是个无所不包的整体。它分散为各种不同的、彼此无干的尝试,虽然营造了许多庞大的系统,却没有一个实际上统率一切的系统贯彻始终。它异常丰富、具体详实,高傲果敢的思维在思辨的抽象性中做得从容自如。它始终联系着新兴科学,并且是以意大利语、德语、法语、英语写作的,因而随民族不同而不同。只有用拉丁语写作的著作例外,它们尚遵循仅仅在通行拉丁文的中世纪才有的习惯。

我们依据各个世纪的模式来做一番描述。

16世纪富于直截了当、彼此不同、极具个性的创造。至今,这些创造仍是活跃的源泉。

在政治上,马基雅弗利与莫尔是现代人无拘无束探求现实关系的奠基人。他们的著述虽然披上了历史外衣,但在今天也像当年一样生动而有趣。

帕拉塞尔苏斯与柏墨将人领入今天称为通神论、人智学、宇宙观的世界,这一世界既思想深刻又充满迷信,既见解明确又缺乏批判地混乱不堪。它直观而形象地展示出一座迷宫。他们强调的理性的构成,一半是理性主义的奇思怪想,一半——尤其在柏墨那里——闪烁着辩证的深刻意义。

蒙田是个变得完全无所依赖的人,毫无在尘世有所作为的意志。这个现代人物流露出的态度与观点既诚实又智慧,既充满怀疑精神地无拘无束,又在实际当中稳妥可靠。他的作品感人至深,是他的生活在哲学上的完美表现,但又像是一种麻痹状态。要是没有升华的话,这种自足感会诱人走入歧途。

与此相反,布鲁诺是个不断上进的哲学家。他因不满足而备受煎熬。他了解人有其界限,并相信有至高无尚者。他关于"英雄的热情"的对话录是人文主义哲学的基本性书籍。

培根被视为现代经验论与科学的奠基人。而这两个说法都没有道理,因为在他那个时代肇始之际,他还没有弄懂真正的现代科学,即数学式的自然科学,而且他凭借自己的方式,永远也不会弄懂这些。但是,培根凭着文艺复兴时期特有的对新事物的热情,阐发了知识就是力量、技术具有巨大前景、消除假象以便于认识把握现实这些思想。

17世纪带来了理性地营建起来的哲学,形成了一些逻辑演绎清晰的伟大系统。就好像人们进入了真空,一切直观的充实之物、有效的形象世界都因此而悄悄地消失了。现代科学出现了,它成为一种典范。

笛卡尔是这种新的哲学世界的奠基人,除他之外还有霍布斯。笛卡尔因颠倒了对科学与哲学的认识而带来了灾难。由于他造成的后果及其在事实上犯下的相关根本性错误,今天的人们仍在研究他,为的是认识应当避免的做法。霍布斯虽然建立了关于存在的系统,但他的突出之处在于政治性建构,其出色的结论指明了在此之在的道路。这条道路是他首次明确地意识到的,并将永远为人们所意识。

斯宾诺莎是借助于传统的概念与笛卡尔的概念表述了某种哲

学信念的形而上学家。但是,他那种独到的形而上学气质在当时是他所独有的,这令他——作为那一世纪的唯一一人——至今拥有一群哲学上的追随者。

帕斯卡是将科学与系统予以绝对化这一做法的对立面。他的思想掌握了这两个方面,具有同样的明确性,却具有更高的真理性和深刻性。

莱布尼茨像亚里士多德一样知识广博,他在思想内涵与发明上较之这一世纪的所有哲学家都更为丰富。他不断创造,总是那样聪慧,但他的形而上学缺乏渗透人心的基本情态这样一种大手笔。

18世纪首次形成了为读者提供哲学文献这样一条洪流。这是个启蒙的世纪。

英国的启蒙运动以洛克为最初的代表人物。他为在1688年革命中成长起来的英国人奠定了精神基础,包括政治思想的基础。休谟是个冷静的分析家,他的理解尽管有无聊之处,对于我们今天来说并不平庸。他的怀疑来自无畏的严峻与正直,他勇于正视无法理喻之物这一条界限,又保持对它不做评论。

在法国还有英国,有一些谙熟世事与世人的人写出了格言式和随笔式作品,人们称之为"道德家"。他们涉及心理事物的专长同时造就了一种哲学态度。17世纪有来自广大宫廷圈子的拉罗什福科与拉布吕耶尔在写作,18世纪有沃弗纳格与尚福尔在写作。沙夫茨伯里是讲述审美式生活原则的哲学家。

伟大的德国哲学以一种系统性力量、一种趋向深远的开放性而在一定程度上取得了完善的思想与丰富的内容,使得它成为一切严肃的哲学思维至今仍不可缺乏的基础与训练。这些人物是：康德、费希特、黑格尔、谢林。

康德为我们在存在意识中迈出了决定性的步骤，在致思超越时取得了精确性，澄明了存在的基本维度，洋溢着对我们自身不满足的热情，意识到了广阔的空间与人文精神，与莱辛一道澄明了理性本身。他是个高贵的人。

费希特将思辨提升为一种狂热，强有力地尝试着不可能的事情。他是个天才的建构者、热衷道德的人。他起到了一种灾难性的极端影响与不宽容作用。

黑格尔对辩正的思维形式做了掌握与多方面的修订，意识到了任何一种思维方式所具有的内容，对西方历史做了最为概括的追忆。

谢林对最终之物做了不懈沉思，解开了巨大的秘密，他在营造系统这一点上失败了，却开辟了全新的道路。

19世纪是个过渡时期，是解体与对解体的意识的时期。它在素材上非常丰富，在科学上影响深远。在教书的哲学家们那里，哲学的力量日益削弱，变成了苍白无力、毫无影响力的随意性系统，变成了首次完全掌握全部历史素材的哲学史。而哲学本身的力量却存在于个别的人那里，对当时的人没有什么影响。它也存在于科学当中。

德国的教授式哲学极富教益，充满勤劳与热情，内容广泛。它所依靠的，实际上不再是人的力量，而是市民文化的大学世界，包括其教化价值、其善意的严肃态度及其界限。像小费希特、洛采等这些更为出名的人物，人们也只是为教益起见，而不是为实质本身起见研究他们。

这个时代原创性的哲学家是克尔凯郭尔和尼采。这两个人都没有系统,都是例外之人、自我牺牲之人。他们意识到了危机的来临,讲出了闻所未闻的真理,却没有指明道路。这个时代就体现在他们所做的、在人类历史上最为无情的自我批判之中。

克尔凯郭尔讲求内心行动的方式、个人抉择这一思想的严肃性,令一切思想,尤其是僵化了的黑格尔思想重新活跃起来。他激烈地抨击基督教。

尼采做了无限的反思,对一切都加以推敲与追问。由于未找到思想基础,他陷入全新的荒谬性之中。除此之外,他起到激励人的作用。他还强烈地抨击了基督教。

现代科学并不是凭着它的广阔活动范围,而是靠个别的、但又是无数的个人而起到某种哲学观作用的。例如,有些名字是值得一提的。

在政治哲学与社会哲学方面,托克维尔通过对法国旧制度、法国大革命、美利坚合众国的社会认识而把握了现代世界走向民主的进程。他对自由的忧虑,他对人的尊严、对权威的意识,令他对无可回避之事与可能之事发出现实的追问。他是个出色的人和研究者。洛伦茨·冯·施泰因基于法国自 1789 年以来的政治行为与思想,阐述了直至 40 年代国家与社会相对立的诸种事件的结果。他将目光对准了欧洲命运问题。马克思利用这些认识,将其演绎为经济结构,辅之以对一切现存社会事物的质疑,并充实以未来的目标。应当给全世界处于底层、毫无希望的无产阶级点燃希望的光芒,令他们团结成一股力量,这才能够推翻经济、社会、政治现状,以便建立所有人的公正与自由的世界。

在历史哲学方面,兰克阐发了历史批判方法,用于泛历史观。在黑格尔与歌德式氛围中,这种泛历史观表面上拒斥哲学,而它本身就是一种哲学。雅各布·布克哈特觉得自己如同进行历史教化的神职人员,展示着历史性追忆中伟大与幸福的时刻,从悲观主义立场出发讲述获救与不幸,最后面对的是这样一个世界,即只有在这种追忆当中,它才被赋予了神圣性。马克斯·韦伯解开了一切羁绊,运用一切手段来研究历史上的真实之事,以这样一种方式来揭示其相互联系,即以往的历史书写大多因其思想范畴不明确而显得苍白无力、不够充分。韦伯在价值与认识之间建立起理论上与实际上的张力关系,通过对现实认识进行朴素的检验,放弃不明确之物与整体之物,为可能性开辟了空间。

在自然哲学方面,卡·恩·贝尔通过发现性研究阐述了对生命的基本特征的出色直观,站在他的对立面的达尔文则试图在这种直观中寻找特定的因果关系,而这种因果关系的结论取消了对真正生命的直观。

在心理学哲学方面,费希纳奠定了一项有步骤的实验性研究,涉及心理之物与物理之物在意义感知(心理物理学)中的关系。但是,这种关系仅在概念上行得通。而在实际当中,它却是给一切生命与事物灌注灵气这样一种虚幻建构的环节。弗洛伊德从事的揭示性心理学,只是将克尔凯郭尔与尼采以更高形态给出的见解加以通俗有效的自然化、庸俗化罢了。一种在表面上热爱人类、事实上仇视人类的空洞世界观是合乎这个时代的,因为这个时代无情地充斥着虚伪谎言,却显得这个世界仿佛还能算是一个世界似的。

名录 2

中国与印度

中国哲学

老子(公元前 6 世纪),孔子(公元前 6 世纪),墨子(公元前 5 世纪后半期),庄子(公元前 4 世纪)。

印度哲学

《奥义书》(公元前 1000—公元前 400 年),巴利语佛教戒律文本,《摩诃婆罗多》的文本(公元前 1 世纪)。

《薄伽梵歌》等,考底利耶的《政事论》,商羯罗(公元 9 世纪)。

正像我们借助于现今的各种翻译和解释了解到的那样,与西方哲学相比,全部中国哲学与印度哲学的规模无可比拟地要小得多,也很少发展出形态精密的各种分殊。对我们而言,西方哲学始终是主要对象。虽然我们谈论得很多,但我们从亚洲哲学中了解到的,不过是我们没有它们也能从自己的哲学中了解到的罢了。至于大多数解释所使用的,都是西方的范畴,就连不懂得亚洲语言的人,也会感到这里有毛病。这是很正常的。

中国、印度与西方三者平行发展,这虽然在历史上是正确的,但给我们展示了一幅走了样儿的图景,因为这样看来,这三者似乎就势均力敌了。而我们并不这样认为。亚洲思维向我们展示的不可替代的景象并不能掩饰,所有的的确确充实着我们的内容都来自西方人的思维。我们所需要的,仅仅是明确的区分、特定的疑问、与科学的联系、为涉及细节的讨论而进行的争辩、长期从事思维活动的生命。

名录3

隐含于宗教、诗作和艺术中的哲学

宗教：《圣经》，收录于宗教史读物中的文本。

诗作：荷马，埃斯库罗斯、索福克勒斯、欧里庇得斯，但丁，莎士比亚，歌德，陀思妥耶夫斯基。

艺术：达芬奇，米开朗基罗，伦勃朗。

掌握哲学史上的哲学内容，不仅要阅读狭义上的哲学读物。除了要明确科学的发展情况之外，还有必要接触宗教、诗歌、艺术的优秀作品。不要东一鳞、西一爪地读得很滥，而要持久、反复地深入阅读伟大的作品。

五、伟大的作品

有少数几部哲学著作的思想意义就像伟大的艺术品一样无穷无尽。这些著作所致思的，远比作者本人了解得还要多。虽然说在任何一种深刻的思想中，都有思想者做结论时未予忽略的内容，但在伟大的哲学中，蕴涵着无穷无尽的内容，这就是整体性本身。这是一切矛盾中出人意料地保持一致之物，它使得矛盾本身成为真理的表露。这是一种错综复杂的思想，它要借清晰的显见之物来阐明无法理喻之事。这些神奇之作，人们越是耐心地加以解释，就越是看得出来。像柏拉图的著作、康德的著作、黑格尔的《精神现象学》就属此列。区别在于：柏拉图最为明确地意识到要权衡形式,做到尽善尽美,最为明确地了解援引艺术来传达哲学真理,而又不减损思想的简洁及其风格的方法。康德最为正直,每句话都可信,他有着优美的清晰性。黑格尔的做法不可靠,想法也有偏颇之处。他的哲学思辨没有取得内容的丰富性,没有取得能揭示内容之深刻性的那种创造性,而是以强人所难、自欺欺人的做法来替代这些。他有着趋向条条框框的经院哲学倾向与过分追求审美的倾向。

哲学家们水平不等,风格不一。至于我是否在青年时代就倾心研究一位大哲学家,以及倾心研究哪一位哲学家,则是一种哲学上的命定。

人们可以说,一部伟大的著作包括了一切。研究一部伟大的著作,就是在研究整个哲学王国。深入地研究一部高水平的毕生之作,我就获得了一个中心点。由此可以澄清各个方面。研究这部著作,会关联一切。与此相关的是,人们会熟悉全部哲学史,至少可以学会从中有所收获,有所筛选地从原始文本中形成印象,感受这里面还会有些什么。在某一点上不受限制地刨根问底之后,人们就会克制知识,保持自我批判。而从其他人的哲学思想形成过程中,人们只能学到层次不等的知识。

青年人想必希望得到一个建议,即他应当选择哪位哲学家。但是,这种选择必须由每个人自己来做。人们只能向他做示范,提醒他注意。选择是本质性抉择,它可能是经过摸索性尝试后做出的。多年过后,选择有可能扩大了范围。尽管如此,建议总还是有的。有一个由来已久的建议是,应当研究柏拉图与康德,以便认识所有实质之物。我同意这一建议。

被有魅力的读物所吸引，则不是在做选择。像在叔本华与尼采那里，就会是这样。选择意味着调动一切可支配的手段来做研究。这意味着从哲学史的一次伟大现象中深入全部哲学史中去。选择一部作品，如果不能做到这一点，就纯属无益之举，尽管真正研究任何一部哲学著作，都必定会有所收获。

选择一位哲学家，研究他的著作，并不是说要受他的局限。相反，在研究一个伟人时，同时也要尽可能及早地看到与此极端不同的情况。画地为牢是局限于一个人，包括局限于无拘无束的哲学家的结果。不能有个人崇拜，不能将某一个人提升为唯一者，没有唯我独尊的大师，这不仅是哲学思辨中的事情。毋宁说，哲学思辨的意义在于向完整的真理开放自身，不在于平庸、抽象的真理，而在于真理的多样性得到了至高实现。

解　说

　　雅斯贝尔斯的这本小册子是一部电台讲演集。显而易见,它是一本哲学入门读物。由入门读物这一性质而定,雅斯贝尔斯在这本小册子中深入浅出地向读者介绍了哲学思想。这里需要说明的是,雅斯贝尔斯向读者介绍的,不是一般意义上的泛泛的哲学,而是自己独特的哲学思想。也就是说,这本小册子并非哲学课教材,而是雅斯贝尔斯自己哲学思想的一个简写版。

　　雅斯贝尔斯在书中分十二讲论述自己侧重的哲学的各个方面,从何谓哲学与哲学的起源讲起,随后论述统摄、无条件的要求这些重要的哲学范畴,以及信仰与启蒙、哲学思辨的独立性这些与哲学密切相关的重要问题,最后以对哲学史的总结收尾。雅斯贝尔斯显然没有给哲学下一个明确的定义,因为给哲学下一个简单而明确的定义,并不符合雅斯贝尔斯自己的思想。雅斯贝尔斯强调的,与其说是作为理论的哲学,不如说是作为活动的哲学思辨。作为理论的哲学容易陷入教条,而活生生的哲学思辨才能保持哲学思想常青不衰。这一点更为明确地体现在他对哲学起源的认识中。雅斯贝尔斯区分出惊讶、怀疑和震惊这三重哲学的心理起源,概括出古代哲学、近代哲学和现代哲学的心理实质。惊讶由人面对大千世界而来,它激发人去探索变化万千的现象世界背后的不变本质。怀疑由人面对自己的认识能力而来,它激发人专注于认识的范围和限度、认识的可靠性和真理性这些认识论问题。震惊由人意识到自己的生存处境而来,它激发人去反省自身的自由、自身的超越这些终极哲学问题。在雅斯贝尔斯看来,哲学的起源是多种多样的,有什么样的起源,就有什么样的哲学。而符合今天的人的哲学,无疑是起源于震惊心理的现代哲学。

统摄是雅斯贝尔斯哲学最为重要的概念之一,涉及雅斯贝尔斯哲学的整体体系。雅斯贝尔斯区分开内在性存在与超越性存在,前者指我们置身的世界,后者并非作为前者背后的本质,而是对前者的超越,是人克服物质属性、趋向精神属性的活动及其结果。只不过,人不可能脱离现象世界,而要在现象世界中进行超越,因而人的超越是内在的超越。所谓统摄,指将各种内在性存在与超越性存在统统贯通起来的存在。它渗透于各种内在性存在与超越性存在之中,确保超越性并不脱离内在性,而是在内在性中的超越性。如果说雅斯贝尔斯哲学还带有一丝传统的形而上学的痕迹,那么统摄概念就是这一方面的突出体现。雅斯贝尔斯认为,哲学不一定要有系统,但要有体系。这就是说,雅斯贝尔斯哲学并不像黑格尔哲学或康德哲学那样系统严密,但它的各个思想环节是彼此契合的,它在总体上是逻辑自洽的。而统摄恰恰是赋予雅斯贝尔斯哲学以体系性的关键概念,因而是雅斯贝尔斯哲学所必须的范畴。

雅斯贝尔斯讲述统摄、讲述超越,便无可回避地要谈到神,谈到上帝,因为在西方哲学语境中,上述内容集中体现在有关上帝的思想中。但是,这并不意味着,似乎雅斯贝尔斯持有神学思想。雅斯贝尔斯谈及上帝时,是在西方话语语境中,用上帝来代表统摄、超越者，代表生存的根据及其努力趋向的方向，以便用读者所熟悉的话语来表述自己的哲学思想。尤其是在这样一本通俗性的电台讲演集中，雅斯贝尔斯更有必要使用脍炙人口的语言。因此，上帝无非是超越的代名词，并因上帝在人们心目中具有形象性而成为超越者的代名词而已。实际上，雅斯贝尔斯的哲学与神学是一种相互参照的关系，雅斯贝尔斯是从哲学出发来表述神学同样关注的问题的。正因为雅斯贝尔斯哲学与神学的这种关联性，国际上研究雅斯贝尔斯的学者，往往也研究保尔·蒂利希等神学家。在蒂利希看来，神学不同于其他学问之处就在于，神学涉及与我们绝对地相关的事情，而其他学问仅涉及相对地与我们相关的事情。这也是雅斯贝尔斯在这本小册子中专门谈及无条件的要求的由来。对于这种无条件的要求，我们借助神学来理解最好不过。无条件的要求是不考虑任何条件的，是超越任何条件性的，因而是绝对的。哲学思辨只有达到这种无条件性，满足无条件的要求，才称得上是真正的哲学思辨。

真正的哲学都关注人是什么这一问题，雅斯贝尔斯哲学也不例外。他将人理解为自由。自由的人是完整的人，即不会被职业生活、政治生命等所切割而变得片面性的人。自由的人是不断抉择自身的人，即主动抉择自身发展方向的人，也即内在地超越的人。自由的人是不被客观条件所决定的人，即非对象性的人，也即康德所说以自身为目的而非以自身为手段的人。同时，这种自由来自于人的超越，来自于人与超越者的关联，与在神学语境中表述为上帝的超越者的关联，或者说是以超越者为引导的。就此而言，自由是超越者馈赠给人的。而人之为人的所作所为，就在于人信仰以上帝的名义呈现出来的超越者。雅斯贝尔斯之所以着力区分真正的启蒙与虚假的启蒙，就是因为他认为，人不能以自身为根据，而要以超越为根据。虚假的启蒙貌似突出了人的主体地位，实质上剥夺了人超越的方向，而真正的启蒙是与信仰并行不悖的。应当说，超越者馈赠人以自由，就是对人的启蒙，而真正的启蒙，就是人自由地从自身出发，接受超越者的引导，把握人超越的根据。

雅斯贝尔斯这本小册子是他对自己哲学思想的全面介绍，因而它并未局限于形而上学，而是覆盖了雅斯贝尔斯哲学思想的方方面面，包括他的历史哲学与人生哲学，以及他的哲学史观。雅斯贝尔斯的历史轴心论，我们耳熟能详。它将雅思贝尔斯哲学辐射到一个广阔的历史背景中去，就像这本小册子介绍的人生哲学将雅思贝尔斯哲学辐射到个人的人生中去一样。无论是在世界历史的宏观世界，还是在个人人生的微观世界，雅斯贝尔斯哲学都有其强烈的穿透力。最重要的是，他强调人的独立性。这种独立性是雅斯贝尔斯哲学在人生中的体现，它既立足于尘世，又不受傅于尘世，因而是内在的超越的充分体现。这种独立的生活方式，也就是哲学思辨的生活方式。

二战之后，德国乃至欧洲百废待兴，德意志民族的哲学精神也有待恢复。而恰恰是在这样一个时代，国际局势的变化日新月异，联邦德国作为冷战的最前沿再度面临前所未有的压力，以至于雅思贝尔斯在这一时期写下了《联邦德国向何处去?》、《原子弹与人类未来》等一系列的著述。他忧心忡忡的心境溢于言表。尤其是在他被讥讽为迂阔而不切实际这一情况下，他痛切地感到，只有哲学思辨，才能挽救有着悠久哲学历史传统的德意志民族的精神，才能挽救自己的同胞免遭再度的灭顶之灾。着眼于这样的历史背景，我们便可以理解，何以雅斯贝尔斯要发表电台讲演，并以通俗化、大众化的方式阐述自己原本深奥的哲学思想。而雅斯贝尔斯的这一动机，便是这本小册子的由来。

值得一提的是，雅斯贝尔斯在论述哲学史时，为读者进一步研修哲学史开列了重要的参考读物。因此，虽然我们在上文讲到，这本小册子的实质不是通常的哲学教材，而是雅斯贝尔斯自己的哲学的简写版，但它同样可以当作哲学教材来使用。

鲁路
2019 年 11 月于北京

人名索引

A

阿伯拉尔,彼得(Abälard, Peter) 131,135

阿基米德(Archimedes) 83,94

阿奎那,托马斯(Aquin, Thomas von) 112,131,135,136,137

阿雷奥帕古斯的狄奥尼修斯(Dionusius Areopagita) 135

埃德曼,约翰·爱德华(Erdmann, Johann Eduard) 129

埃克哈特大师,约翰尼斯(Meister Eckhart, Johannes) 131

埃斯库罗斯(Aeschylos) 145

埃斯勒,鲁道夫(Eisler, Rudolf) 128

爱比克泰德(Epiktet) 11,130

爱留根纳,约翰内斯·司各特(Eriugena, Johannes Scotus) 131,135

安瑟尔谟(Anselm von Canterbury) 112,131,135

奥古斯丁,奥勒留(Augustin, Aurelius) 48,114,131,134

奥卡姆,威廉(Ockham, Wilhelm von) 131,136

奥勒留,马克(Aurel, Mark) 130

B

巴录(Baruch) 28

巴门尼德(Parmenides) 36,83,135

柏拉图(Plato) 2,9,14,29,36,83,111,117,125,130,132,133,135,145,146

柏罗丁(Plotin) 23,117,131,132,133

柏洛托士(Proteus) 95

柏墨,雅各布(Böhme, Jacob) 131,138

保罗(Paulus) 97,98,114

贝尔,卡尔·恩斯特(Baer, K.arl Ernst) 132,143

毕达哥拉斯门徒(Pythagoräer) 103

波爱修(Boethius, Anicius Torquatus Serverinus) 42,131,134

布克哈特,雅各布(Burckhardt, Jacob) 143

布鲁格,瓦尔特(Brugger, Walter) 128

布鲁诺,乔尔丹诺(Bruno, Giordano) 42,112,114,131,139

C

蔡勒,爱德华(Zeller, Eduard) 129

查拉图斯特拉(Zarathustra) 83

D

达尔文,查尔斯·罗伯特(Darvin, Charles Robert) 132,143

达芬奇,莱昂纳多(Leonardo da Vinci) 145

但丁(Dante Alighieri) 136,145

笛卡尔,勒内(Descartes, René) 10,14,112,122,131,139

蒂利希,保尔(Tillich, Paul) 151

多伊森(Deussen, Paul) 129

E

恩披里克,赛克斯都(Empiricus, Sextus) 131

F

梵·高(Gogh, Vincent van) 4,122

斐奇诺,马西里乌斯(Ficino, Marsilio von Padua) 134

费希纳,古斯塔夫·泰奥多(Fechner, Gustav Theodor) 132,143

费希特,约翰·歌特利普(Fichte, Johann Gottlieb) 131,141

佛陀(Budda) 83

弗洛伊德,西格蒙特(Freud, Sigmund) 132,143

福尔克,阿尔弗雷特(Forke, Alfred) 129

福兰德,卡尔(Vorländer, Karl) 129,130

G

歌德,约翰·沃尔夫冈·冯(Goethe, Johann Wolfgang von) 143,145

H

哈克曼,海因里希(Hackmann, Heinrich) 129

荷马(Homer) 83,145

赫尔德林,弗里德里希(Hölderin, Friedrich) 4

赫拉克利特(Herakit) 83

黑格尔,格奥尔格·威廉·弗里德里希(Hegel, Geirg Wilhelm Friedrich)
　　82,98,112,114-117,127,129,131,141-143,145,146,150

怀疑派(Skepiker) 130,133

霍布斯,托马斯(Hobbes, Thomas) 131,139

霍夫麦斯特,约翰尼斯(Hoffmeister, Johannes) 128

J

加尔文,约翰(Calvin, Johann) 131,137

伽利略(Galileo Galilei) 114

吉尔松,埃蒂耶内(Gilson, Etienne) 129

吉希纳,弗里德里希(Kirchner, Friedrich) 128

K

开普勒,约翰尼斯(Kepler, Johannes) 114

康德,伊曼努尔(Kant, Immanuel) 31,34,46,47,64,73,98,112,114,117, 125,131,133,141,145,146,150,151

考底利耶(Kautilya) 111,144

克尔凯郭尔,索伦(Kierkegaard, Soren) 34,54,98,103,115,132,142,143

克洛纳(Kröner, Richard) 128

孔子(Konfuzius) 83,144

库萨的尼古拉(Cusanus, Nicolaus) 112,131,136

L

拉布吕耶尔,让·德(La Bruyère, Jean de) 131,140

拉兰特,安德雷(Lalande, André) 128

拉罗什福科,弗朗索瓦(La Rochefoucauld, François) 131,140

莱布尼茨,戈特利谱·威廉(Leibniz; Gottfried Wilhelm) 131,140

莱辛,哥特霍尔特·艾弗莱姆(Lessing, Gotthold Ephraim) 114,141

兰克,利奥波德·冯(Ranke, Leopold von) 132,143

老子(Laotse) 83,97,144

列子(Liädsi) 83

路德,马丁(Luther, Martin) 65,114,131,137

路德维希(Ludwig der Bayer) 128,136

伦勃朗(Rembrandt Harmenszoon van Rijn) 145

洛采,鲁道夫·赫尔曼(Lotze, Rudolf Hermann) 131,141

洛克,约翰(Locke, John) 117,131,140

卢克莱修(Titus Lucretius Carus) 130

鲁纳斯,达戈柏特(Runes, Dagobert) 128

M

马基雅弗利,尼可罗(Macchiavelli, Niccolo) 112,131,138

马克思,卡尔(Marx, Karl) 52,115,132,142

麦格努斯,艾尔伯图斯(Magnus, Albertus) 136

梅茨克,埃尔文(Metzke, Erwin) 128

蒙田,米歇尔·德(Montaigne, Michel de) 131,138

米开朗基罗(Michelangelo Buonarroti) 145

米歇埃利斯,卡尔(Michaelis, Karl) 128

莫尔,托马斯(Morus, Thomas) 41,131,138

墨子(Mo Ti) 83,144

N

尼采,弗里德里希(Nietzsche, Friedrich) 98,103,115,122,132,142,143,147

尼碌(Nero Claudius Caesar Augustus Germanicus) 42

诺阿克,路德维希(Noack, Ludwig) 128

O

欧里庇得斯(Euripides) 145

P

帕拉塞尔苏斯,博姆巴斯图斯·冯·霍恩海姆(Paracelsus, Th. Bombastus von Hohenhein) 131,138

帕斯卡,布莱士(Pascal, Blaise) 131,140

培根,弗兰西斯(Bacon, Francis) 131,139

皮科,德拉·米兰多拉(Pico della Mirandola) 134

普罗塔克(Plutarch) 131,133

S

《申命记》中的以赛亚(Deuterojesaias) 83

塞涅卡,吕齐乌斯·安涅(Seneca, Lucius Annaeus) 42,130

色诺芬尼(Xenophanes) 29

沙夫茨伯里,安东尼(Shaftesbury, Anthony) 131,140

莎士比亚,威廉(Shakespeare, Wilhelm) 145

商羯罗(Sankara) 144

尚福尔,尼古拉斯(Chamfort, Nicolas) 131,140

施宾格勒,奥斯瓦尔德(Spengler, Oswald) 81

施密特,海因里希(Schmidt, Heinrich) 128

施坦因,洛伦茨·冯(Stein, Lorenz von) 132

史陶斯,奥托(Strauß, Otto) 129

史特林堡,奥古斯特(Strindberg, August) 122

叔本华,阿图尔(Schopenhauer, Arthur) 20,129,147

司各脱,约翰尼斯·邓斯(Scotus, Johannes Duns) 131,136

斯宾诺莎,巴鲁赫·德(Spinoza, Baruch de) 112,114,131,139

斯多葛派(Stoiker) 11,13-16,99,103,130,133

苏格拉底(Sokrates) 41,116,117,130,132

索福克勒斯(Sophokles) 145

T

泰勒斯(Thales von Milet) 7,18

汤因比,阿诺德·约瑟夫(Toynbee, Arnold) 81

托克维尔,阿历克西·德(Tocqueville, Alexis de) 132,142

陀思妥耶夫斯基,费奥多尔(Dostojewskij, Fjodor) 145

W

韦伯,马克斯(Weber, Max) 81,122,132,143

卫礼贤(Wilhelm, Richard) 129

文德尔班,威廉(Windelband, Wilhelm) 129

沃弗纳格,卢克·德·克拉皮尔斯(Vauvenargues, Luc de Clapiers)

131,140

X

西庇阿(Scipionen) 134

西塞罗,马库斯·图留斯(Cicero, Marcus Tullius) 131,133

希波克拉底(Hippokrates) 2

逍遥学派(die Peripateriker) 133

小费希特,伊曼努尔·赫尔曼(Fichte Immanuel Hermann)(Fichte d. J.) 131,141

谢林,弗里德里希·威廉(Schelling, Friedrich Wilhelm) 32,112,114,131,141

新学园派(die Anhänger der neueren Akademie) 133

休谟,大卫(Hume, David) 117,131,140

修希底德(Thukydides) 83

Y

亚里士多德(Aristoteles) 9,14,117,130,132,133,136,140

亚里斯提卜(Aristipp) 97

耶利米(Jeremias) 28-30,83

伊壁鸠鲁(Epikurs) 130,133

伊拉斯谟(Erasmus von Rotterdam) 134

伊希斯(Isis) 28

以利亚(Elias) 83

以赛亚(Jesaias) 83

于柏维克,弗里德里希(Überweg, Friedrich) 127-130

Z

曾克,恩斯特·维克多(Zenker, Ernst Viktor) 129

茨根福斯,维尔纳(Ziegenfuß, Werner) 128

折中派(Ekletiker) 133

庄子(Tschuang-tse) 83,144

事项索引

A

《埃达》(Edda) 55

《奥义书》(Upanischaden) 83,111,144

B

被给定性存在(Gegebensein) 64

被思维的存在(Gedachtsein) 20

彼岸(Jenseits) 7

不动心(Unerschütterlichkeit) 99

C

沉思性(Besinnlichkeit) 102

呈现(Erscheinung) 20,21,23,26,32,56,58,67,78,83,112,152

传承(Überlieferung) 8,13,55,68,75,78,119,125

传统(Überlieferung) 50,54,67,71,73,80,100,111,114,115,118,119,137,139,150,152

此岸(Diesseits) 7

存在意识(Seinsbewußtwein) 3,62,63,141

存在者(Seinende) 6,24,26

D

当下(Gegenwärtigkeit) 7,26,68,80,95,100,104,115,120,123

短暂易逝(Vergänglichkeit) 4

F

分有(teilhaftig) 6,97
《薄伽梵歌》(*Bhagavadgita*) 97,144

G

感知(Gewahrwerden) 10,11,20,143
感性感知(Sinneswahrnehmung) 10

H

含义(Bedeutung) 3,63,77,78
怀疑(Zweifel) 9-11,14,15,17,30,45,54,75,83,104,130,133,136,138,140,149

J

教授式哲学(Professorenphilosophie) 115,141
解释(Auslegung) 3,7,19,43,50,53,60,62-64,87,132,144,145
惊讶(Staunen) 3,4,9-11,15,17,56,105,149
经院哲学(Scholastik) 113,114,117,135,137,146
境遇(Situation) 5,11,15,40,47,56,58,66,67,75,88,89,97,109,110,113

K

开端(Anfang) 9,61,86,105,116,125
开明(Aufgeklärtheit) 5
孔雀王朝(Maurya-Dynastie) 85

L

理念论(Idealismus) 114

历史性的（historisch） 9,22,55,56,67,89,99

临界状态（Grenzsituation） 11 - 14,17,29,31,33,40,44,45,105,106,118

逻各斯（Logos） 113

M

密码式存在（Chiffersein） 22

明确性（Gewißheit） 2,26,106,107,113,140

模仿（Anähnlichung） 6,119

《摩诃婆罗多》（Mahabharata） 144

默契（Einmütigkeit） 8,29

N

内在意识（Innewerden） 25

P

平庸哲学（Allerweltsphilosophie） 134

普遍有效（allgemeingültig） 1,22,35,55,89,129

Q

启蒙（Aufklärung） 70,72 - 77,131,140,149,152

起源（Ursprung） 9,11,13 - 15,17,23,35,43,51,60,70,76,84,88,101 - 103,108,111,115,116,119,121,125,149,150

确定性（Gewißheit） 3,9 - 11,13 - 16,23,26,30,34,38,43,53,54,56,57,66,76,77,104,107

确信（Vergewisserung） 2,10,33,55

R

如此这般的存在（Sosein） 43,44,46

S

生存（Existenz） 16,22,23,25,33-35,37,44,50,52,65,67,68,70,75,95,98,107-109,115,121,137,150,151

升华（Aufschwung） 25,26,31,99,108,109,139

始基（Anfänge） 132

事件（Ereignis） 50,53,57,81,82,85,90,142

升华（Aufschwung） 25,26,31,99,108,109,139

实际（Praxis） 1,3,7,15,19,21,25,27,31,32,35,42,47,52,60,63,66,74,89,106,109,116,118,125-127,137-139,141,143,151,152

世界图像（Weltbild） 61-65,83

世界性存在（Weltsein） 62

视域（Horizont） 62,80

思维形式（Denkform） 10,77,134,141

T

体系（Systematik） 113,115,122,134-137,150

统一体（Einheiten） 62,115,126

统一性（Einheit） 61,81,88,89,115,116,126,132

X

吸收（aneignen） 15,68,91,99,102,111,113,125-127,134,135

系统（system） 8,60-62,111,113,123,127,138-142,150

现实（Realität） 6,20,25,26,29,30,33,35,37,38,42,49,58-61,63-68,70,72,80,84,86,106,108,112,114,117,123,126,127,136-139,142,143

现实性（Wirklichkeit） 5,14,22,25,30,35,36,58,64,68,71,72,79,88,108,110-112,119,120

显现（Erscheinung） 15,21,55,67,69,88,106

现象性（Erscheinungshaftigkeit） 64,65
信念（Überzeugung） 5,78,117,125,139
幸福（Glückseligkeit） 6,11,28,58,93,98,137,143
虚无性（Nichtigkeit） 98

W

完美（Vollendung） 5,139
完善（Vollendung） 6,7,17,29,32,33,48,63,67,70-72,105,108,118,119,
　　125,136,140
完形（Gestalt） 61
唯一性（Eines） 6,8,37,62,65,67,84,108,109,117,136,137
统摄（Umgreifende） 6,18,20-26,32,41,77,78,90,100,104,149,150
无条件者（Unbedingte） 40,41,43-49,53,95,123

X

系统（System） 8,60-62,111,113,123,127,138-142,150

Y

一般意识（Bewußtsein überhaupt） 22,23
意识（Besinnung） 3,5-12,14,17,19-26,31,33-36,42,43,46,48,50-52,
　　55,57,65,67,72,74,77,78,83-85,89,90,93,96-98,100-104,107,
　　109,112,115,117,118,123,127,133,134,139,141,142,145,150
意谓（bedeuten） 63,64
以真理自居（Wahrheitsanspruch） 8
一致认可（Einmütigkeit） 1,2
缘起（Ereignis） 66,68,71,87

Z

在此之在（Dasein） 19,22,23,26,29,34,40-46,48,52,57,60,61,64-66,

68,70,71,89,95,96,101,104,105,107,114,139

在世存在(Weltsein) 12,67

哲学思辨(philosophieren) 2,3,8,10,14,15,17,21,25-27,30,35,36,38,42,58,65,71,77-80,90,92,94,97,99,101,102,104-107,109,111,112,115,116,118-120,122,123,125-127,133,134,137,146,147,149,151,152

震惊(Erschütterung) 9,14,99,149,150

真实情况(Wirklichkeit) 93

《政事论》(*Arthashastra*) 144

指向(Bestimmung) 118

轴心时代(Achsenzeit) 83

追本溯源式的(ursprünglich) 3

追忆(vergegenwärtigen) 2,15,55,66,67,70,85,100,102-104,135,141,143

自我存在(Ichsein) 3,16,34,38,57,68,74,84,94,96

自我反思(Selbstreflexion) 54,102-104

译后记

《哲学入门——12篇电台讲演集》一书是译者十年前翻译的，依据的德文原著由德国(Piper)出版社于2004年版。译文收入《哲学与信仰——雅思贝尔斯哲学研究》一书，由人民出版社出版。现在，借当年这一译著收入规模为37卷的《雅斯贝尔斯著作集》之机，译者将原先的译文校订一遍。当年的书名《哲学导论》也改为《哲学入门》。经过校订的译文作为独立一卷，同《雅斯贝尔斯著作集》其他卷次一道，由华东师范大学出版社出版。

校订这部译著时，译者觉得有一些术语的译名需要向读者交代：

雅斯贝尔斯使用"在此之在"(Dasein)这一术语，意思同广为读者熟悉的海德格尔的这一术语截然相反，指的是人在现实时空世界中的经验性、有条件性、非超越性存在。至于海德格尔借这一术语表达的含义，雅斯贝尔斯则用生存(Existenz)一词来表达。所以，鉴于雅斯贝尔斯讲的Dasein恰恰不是"亲在"、"缘在"，而是其反面，本译著将其翻译为"在此之在"，取其局限于时空之中的有条件性、非超越性存在之意，即不够活跃生动的实实在在之意。由此，也就有了在世存在(Weltsein)、如此这般的存在(Sosein)、被思维的存在(Gedachtsein)、被给定性存在(Gegebensein)、密码式存在(Chiffersein)这些译名。个别地方，则根据需要另有世界性存在(Weltsein)这一译名。

在雅斯贝尔斯那里,Gegenwärtigkeit 指的不是过去、现在、未来组成的时间序列中我们正在经历的这一时刻,而是充实以生存内涵的瞬间,因而它容纳了永恒的因素,突破了时间序列,是永恒的瞬间,是瞬间中的永恒。本译著译者以前撰文论述雅斯贝尔斯相关思想时,曾用"现时"这一译名来表达。但在译著中,译者没有解释"现时"这一生僻译名的余地。所以,为了译文通俗起见,本译著将其翻译为更为通俗易懂的译名"当下"。好在"当下"可以是绵延的,并因此而是永恒的。

德国的 Idealismus 可以翻译为"唯心主义"、"观念论"等,但这些译名都不易同贝克莱、休谟等人的哲学区分开来。所以,本译著将其翻译为"理念论"。毕竟,从柏拉图到黑格尔,是一个理念从抽象到具体的过程。

Ereignis 这个术语,有时可以译为"事件"。而有的场合,"事件"这个译名就显得过于微末了,配不上 Ereignis 那宏大的氛围。而译为"发生"或"生发",同样略显生僻。好在中译本可以参照中国传统文化,故根据原文内容,有时译为"缘起"。

雅斯贝尔斯主张,不必有 System,即完整而严密的结构,但要有 Systematik,即一以贯之的逻辑。故本译著将前者译为"系统",后者译为"体系",以示区别。

如此等等,不一而足。

在西方学界,对雅斯贝尔斯的认识,是因人而异的。2007 年,本书译者去雅斯贝尔斯故乡德国奥尔登堡,参加纪念雅斯贝尔斯诞辰 125 周年学术研讨会。当时就听到个别德国学者私下说,没必要编辑出版雅斯贝尔斯著作全集,因为他有重复的现象。但是,此后特利尔神学院研究雅斯贝尔斯的专家维尔纳·叔斯勒(Werner Schüßler)教授却对本书译者说,雅斯贝尔斯没有一句多余的话。真可谓:有一千个读者,就有一千个哈姆雷特。

呈现在读者眼前的这部著作,是雅斯贝尔斯于1953年做的系列电台讲演的文集。显而易见,这是一本通俗性读物,按理说应当一再重复雅斯贝尔斯在自己的专业性著作中的话。但是,细读起来,我们会发现,雅斯贝尔斯是在通俗性层面上讲述自己在专业性层面上同样在讲述的内容,只是采用了不同的语言。所谓讲述不同的语言,是说雅斯贝尔斯为便于电台听众接受,在这部文集中采取了深入浅出的叙述方式,以流畅的语言和动人的情感,呼吁和启发有着深厚哲学传统的德意志民族去做哲学思辨。所谓讲述同样的内容,是说雅斯贝尔斯在这部文集中表述的思想,均可在他的专业性著作中找到。但是,即使在重复自己的专业哲学思想时,雅斯贝尔斯也根据读者群的不同而有所偏重。例如,他讲述信仰的失落可视为启蒙的结果,因而要区分真实的启蒙与虚假的启蒙。再比如,他讲述惊讶、怀疑和震惊这三重哲学思辨的动机远远不够,还需要以交往作为哲学思辨的前提条件。显而易见,他在这部文集中着重强调的,是无需专业哲学训练、仅凭哲学思辨的热情和一定的文化修养便可亲历亲为的事业。所以说,所谓雅斯贝尔斯的重复,是他将同一哲学思想镶入不同语境意义上的重复,是他将贯彻自己终生的哲学思想应用于不同的学术与社会领域的重复。

就此而言,正像目前德国奥尔登堡、海德堡、瑞士巴塞尔这三个雅斯贝尔斯先后的生活地和工作地合作致力的那样,编辑出版雅斯贝尔斯著作全集是有必要的。也正像李雪涛教授主持的这项翻译工作所做的那样,翻译出版雅斯贝尔斯著作集中文版,也是必要的。

借此机会,衷心感谢友人大卫·巴拓士(David Bartosch)博士当年为译者提供德文原著,并感谢负责本书编辑工作的华东师范大学出版社朱华华女士为译者提供的悉心帮助!

译者
2019 年 11 月于北京

《雅斯贝尔斯著作集》(37卷)目录

1. 《精神病理学总论》
2. 《精神病理学研究》
3. 《史特林堡与梵高——对史特林堡及梵高的比较例证所做的病历志分析的尝试》
4. 《世界观的心理学》
5. 《哲学》(三册)
6. 《理性与生存》
7. 《存在哲学》
8. 《论悲剧》
9. 《论真理》(五册)
10. 《论历史的起源与目标》
11. 《哲学入门》
12. 《哲学学校》
13. 《哲学的信仰》
14. 《鉴于启示的哲学信仰》
15. 《哲学与世界》
16. 《大哲学家》
17. 《尼古拉·库萨》
18. 《谢林》

19.《尼采》

20.《尼采与基督教》

21.《马克斯·韦伯》

22.《大学的理念》

23.《什么是教育》

24.《时代的精神状况》

25.《现代的理性与反理性》

26.《德国的战争罪责问题》

27.《原子弹与人类的未来》

28.《哲学自传》

29.《海德格尔札记》

30.《哲学的世界史》

31.《圣经的去神话化批判》

32.《命运与意志——自传作品》

33.《对根源的追问——哲学对话集》

34.《神的暗号》

35.《阿伦特与雅斯贝尔斯往复书简》

36.《海德格尔与雅斯贝尔斯往复书简》

37.《雅斯贝尔斯与妻书》

图书在版编目（CIP）数据

哲学入门：12篇电台讲演集/（德）卡尔·雅斯贝尔斯著；鲁路译.—上海：华东师范大学出版社，2020
（雅斯贝尔斯著作集）
ISBN 978-7-5760-0154-9

Ⅰ.①哲… Ⅱ.①卡… ②鲁… Ⅲ.①雅斯贝尔斯（Jaspers, Karl 1883-1969）—哲学思想 Ⅳ.①B516.53

中国版本图书馆 CIP 数据核字（2020）第 062907 号

雅斯贝尔斯著作集
哲学入门——12篇电台讲演集

著　　者　（德）卡尔·雅斯贝尔斯
特约策划　李雪涛　马健荣
译　　者　鲁　路
策划编辑　王　焰
责任编辑　朱华华
责任校对　邱红穗
装帧设计　高　山

出版发行　华东师范大学出版社
社　　址　上海市中山北路3663号　邮编 200062
网　　址　www.ecnupress.com.cn
电　　话　021-60821666　行政传真 021-62572105
客服电话　021-62865537　门市（邮购）电话 021-62869887
地　　址　上海市中山北路3663号华东师范大学校内先锋路口
网　　店　http://hdsdcbs.tmall.com/

印 刷 者　上海中华商务联合印刷有限公司
开　　本　890×1240　32开
印　　张　5.75
插　　页　2
字　　数　120千字
版　　次　2020年7月第1版
印　　次　2021年12月第2次
书　　号　ISBN 978-7-5760-0154-9
定　　价　59.80元

出 版 人　王　焰

（如发现本版图书有印订质量问题，请寄本社客服中心调换或电话021-62865537联系）